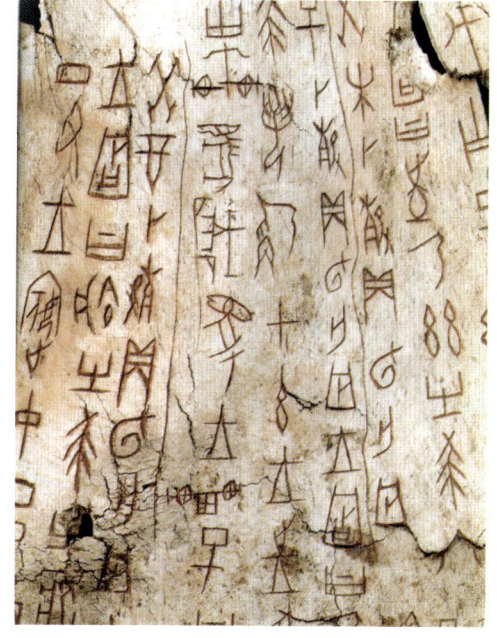

图1　河北兴隆发现的纹饰鹿角
图2　四川广安华蓥山出土骨雕化石
图3　大地湾文化彩陶圜底钵
图4　浙江庙前出土良渚文化陶豆
图5　奉节兴隆洞旧石器时代象牙刻画
图6　商代甲骨文

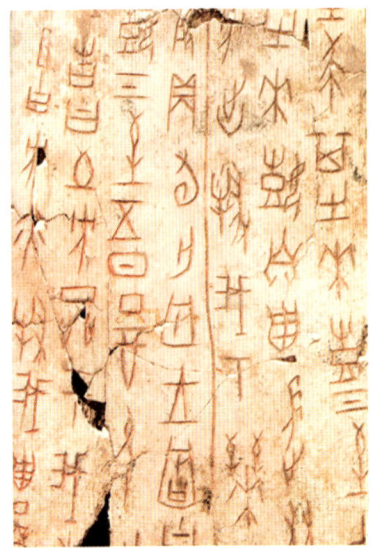

图7　商代龟甲上刻写的文字
　　　（五，左3行第4字；贞，左4行第二字）
图8　1980年5角币
　　　（国徽两侧，背景图边缘各竖排三个八角星纹）
图9　2005年50元
　　　（"50"与人头之间为八角星纹）
图10　现代人烧制的陶钵
图11　马家窑文化彩陶内彩十字纹
图12　马家窑文化彩陶螺旋纹、连续S纹

图13　半坡遗址出土圜底彩陶钵
图14　庙底沟类型典型彩陶钵
图15　庙底沟类型花瓣纹彩陶钵
图16　庙底沟类型鸟龙纹彩陶钵
图17　大汶口文化鸟形器陶鬶
图18　大汶口文化彩陶壶
图19　大汶口文化彩陶豆
图20　浙江余杭瑶山出土玉琮
图21　马家窑类型彩陶盆俯视图

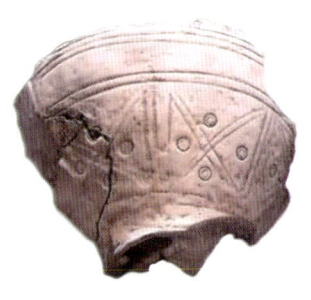

图22　半山类型大旋涡纹彩陶壶
图23　半山类型垂弧纹双耳罐
图24　半山类型神人纹双耳壶
图25　马厂类型蛙纹罐
图26　浙江庙前村出土良渚文化陶簋
图27　北斗七星图

22	23
24	25
26	27

图28　大汶口文化镂雕象牙梳
图29　庙底沟类型人头形器口彩陶瓶
图30　庙底沟类型髻发红陶俑首
图31　兴隆沟出土嵌蚌玉人面饰
图32　红山文化陶塑女神像
图33　龙山文化玉器（璇玑）
图34　红山文化鸟形玉器
图35　泰安大汶口遗址出土袋足鬶

28	29	30
31	32	33
	34	35

每组白彩平行短线纹14条，2组合计28条反映二十八宿数理

六组白彩平行短线纹的地纹总数是72条，反映一年七十二候

每组白彩平行短线纹12条，2组合计24条反映一年十二个月二十四节气

每组白彩平行短线纹13条，与地纹（地纹短线则为12条，2组合计24条）组合可表现阴、阳两种历法的基本数量关系

图36　马厂类型人形罐
图37　四坝文化人形罐
图38　四坝文化人体形彩陶罐
图39　四坝文化手纹羊头形鋬方杯
图40　邹县野店出土大汶口文化彩陶盆M35：2口沿纹饰分析
图41　红山文化筒形罐

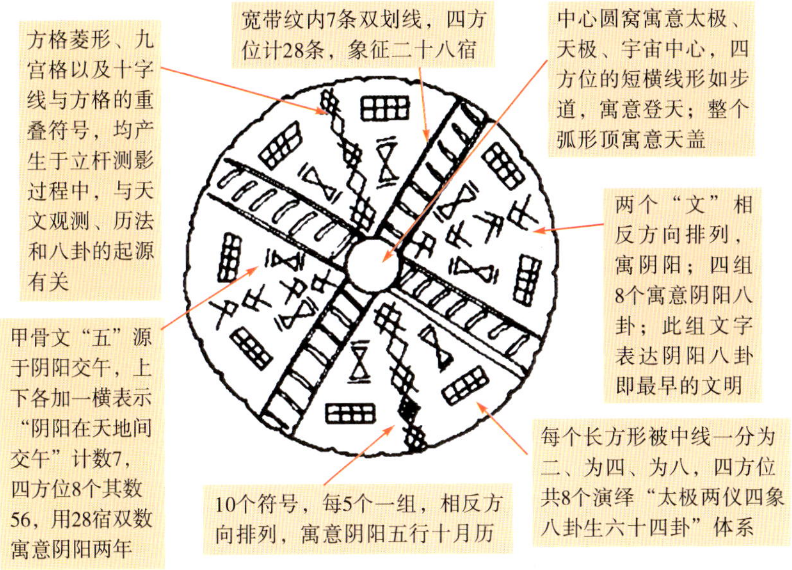

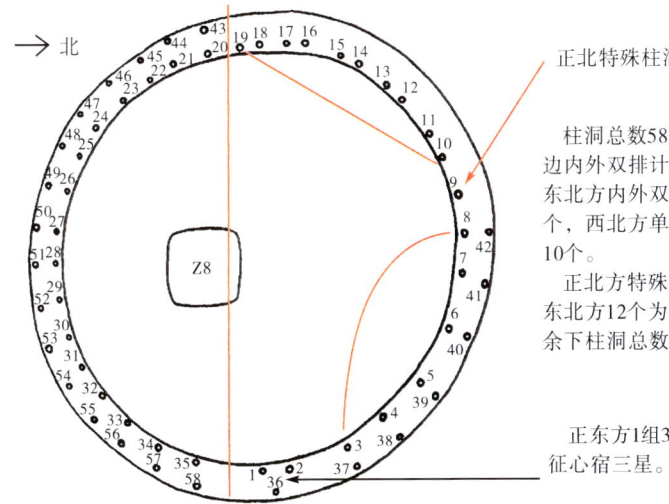

方格菱形、九宫格以及十字线与方格的重叠符号，均产生于立杆测影过程中，与天文观测、历法和八卦的起源有关

宽带纹内7条双划线，四方位计28条，象征二十八宿

中心圆窝寓意太极、天极、宇宙中心，四方位的短横线形如步道，寓意登天；整个弧形顶寓意天盖

两个"文"相反方向排列，寓阴阳；四组8个寓意阴阳八卦；此组文字表达阴阳八卦即最早的文明

甲骨文"五"源于阴阳交午，上下各加一横表示"阴阳在天地间交午"计数7，四方位8个其数56，用28宿双数寓意阴阳两年

10个符号，每5个一组，相反方向排列，寓意阴阳五行十月历

每个长方形被中线一分为二、为四、为八，四方位共8个演绎"太极两仪四象八卦生六十四卦"体系

正北特殊柱洞1个

柱洞总数58个，南边内外双排计32个，东北方内外双排计12个，西北方单排5组10个。

正北方特殊1个，加东北方12个为13个，余下柱洞总数45个。

正东方1组3个，象征心宿三星。

面积25m²，屋外东部、东北部有大面积路土，但未发现门道。方形灶坑可寓意斗魁四星。

图42 秭归柳林溪陶支座顶面纹饰解读
图43 北橄出土庙底沟类型早期房址F7分析图

图 44 齐家文化交叉线纹单耳罐
图 45 秦安王家阴洼双鱼纹瓶形器
图 46 山东广饶出土大汶口文化彩陶鼎
图 47 马家窑文化彩陶瓶
图 48 甘肃吕家坪出土尖底瓶
图 49 安徽含山出土"并封"玉器

重庆市科委科技计划（科普类）资助项目

中国远古纹饰初读

王先胜 著

学苑出版社

图书在版编目（CIP）数据

中国远古纹饰初读／王先胜著．—北京：学苑出版社，2015.8（2022年12月重印）

ISBN 978-7-5077-4815-4

Ⅰ.①中…　Ⅱ.①王…　Ⅲ.①器物纹饰（考古）-中国-通俗读物　Ⅳ.①K879-49

中国版本图书馆 CIP 数据核字（2015）第 172644 号

责任编辑：任彦霞　张　芳
封面设计：孟　佳
出版发行：学苑出版社
社　　址：北京市丰台区南方庄 2 号院 1 号楼
邮政编码：100079
网　　址：www.book001.com
电子信箱：xueyuanpress@163.com
销售电话：010-67675512、67678944、67601101（邮购）
经　　销：新华书店
印　　刷：保定市彩虹艺雅印刷有限公司
开本尺寸：710×1000　　1/16
印　　张：16.5
字　　数：200 千字
版　　次：2015 年 8 月第 1 版
印　　次：2022 年 12 月第 2 次印刷
定　　价：42.00 元

科学顾问：

刘庆柱（著名考古学家、中国社会科学院考古研究所原所长）

陈久金（著名科学史家、中国科学院自然科学史研究所原副所长）

赵永恒（著名天文学家、中国科学院国家天文台研究员）

中国古代纹饰是一个巨大的文化与知识宝库，也是中小学进行爱国主义教育、传统文化教育和探究性教学的重要资源。王先胜所著《中国远古纹饰初读》和《中国上古纹饰初读》为我们提供了入门的基本知识和他多年潜心研究的新见，我很乐意向广大的中小学老师和同学们推荐这两本科普读物。

——李镇西

（李镇西：著名教育专家、语文特级教师，现任成都武侯实验中学校长）

远古人类不懂文字，没有掌握书写工具，但表示科学认识的数，则仍然可以用其他形式表现出来，这就是刻画符号。中国出土了丰富的可供研究的史前天文文物和刻画符号，王先胜的工作，正为我们开拓这一新的研究方向打下了很好的基础。

王先胜对这些刻画符号作出了初步解读，并且阐发了它的价值和科学意义。我认为，作这种分类阐发是很有必要的，其前瞻性、引导性、敏感性都是无可替代的。尤其是从事科技史研究而对考古文献不太熟悉的学者，要感谢他所做的工作，为我们打开了从事史前科技史研究宝库的大门。

——陈久金

（陈久金：著名科学史家、中国科学院自然科学史研究所研究员、博士生导师）

刘庆柱先生的审读意见

王老师：你好！

你寄来的稿子我看了，觉得很好，很有新意，有根有据、逻辑严谨、深入浅出。有些小的建议：

1. "前言"中强调不同历史时期，不同历史资料的权重不一样，人类历史的99.08%没有文献资料，只能依靠考古资料。

2. 在当今历史学研究中，"图案"、"图像"等物化载体资料远比文献资料更具"原真性"。这是当今国际学术界对"图像史学"的重视原因。

3. 《探秘版》30页与《初读版》19页①，二里头遗址与二里头文化中现在还没有公认的"王墓"，可否改为"高级墓"或"贵族墓"等，这样似更为主动。

4. 《初读版》19~20页，你提出的"符号与文字两系统"说有道理，但是也要注意二者之间有着密切联系。

5. 《初读版》20页，关于甲骨文如何来的，应该进一步说明，或可作为一种假设提出，不要作为结论更好一些，这样也可以启发学生读者，使学生能够有参与意识是最为理想的了！

以上意见，是我不成熟的想法，仅供参考。即颂

研安

刘庆柱
2014-11-02

（刘庆柱：中国社会科学院学部委员、中国社会科学院考古研究所前任所长、博士生导师）

---

① "探秘版"即《中国远古纹饰探秘》、"初读版"即《中国远古纹饰初读》，本书正式出版已根据刘先生的意见进行修改，这里的页码是对作者提供给刘先生审读的打印稿而言。

目　录

序一：千古神州多神奇　返本开新读纹饰 ················· 叶贵本（1）
序二：究天人之际，通古今之变 ······················· 任鹏杰（4）
作者前言 ······································· （7）

第一章　纹饰：从何而来，到何处去？

纹饰：一种记录和传播文化的符号系统 ······················ （10）
早期模样：纹饰、陶器纹饰与彩陶纹饰 ······················ （14）
从何而来：新石器时代纹饰产生与分类 ······················ （22）
到何处去：新石器时代纹饰的三大去向 ······················ （31）
缘分：新石器时代纹饰与古文字的关系 ······················ （37）
遗音：新石器时代纹饰在现当代的应用 ······················ （47）

第二章　印象：中国远古纹饰分布概况

篮纹VS绳纹：新石器陶器纹饰的PK ······················· （54）
核心地区：半坡类型、庙底沟类型纹饰 ······················ （57）
东部印象：大汶口文化、良渚文化纹饰 ······················ （62）
西部印象：甘青地区马家窑文化纹饰 ······················· （66）
北方印象：仰韶文化、红山文化纹饰 ······················· （68）
长江中游：陶支座满身刻画的复杂图案 ······················ （72）

第三章　路径：远古纹饰解读的方法及现状

新石器时代纹饰解读的各种方法与现状 …………………………（76）

远古文化密码：阴阳交午图形与符号 ………………………………（85）

远古文化密码：照亮蒙昧时代的火纹 ………………………………（93）

远古文化密码：八角星纹、八卦与阴阳交午符号 …………………（100）

远古文化密码：S纹、旋纹、蟠蜷纹与太极图 ……………………（105）

远古文化密码：斗形纹饰与北极、北斗崇拜 ………………………（115）

第四章　图语：中国远古纹饰的纪事性

图语一：生产与生活日常器用 ………………………………………（124）

图语二：日月星辰与自然万物 ………………………………………（131）

图语三：圆形圆满与钻孔技术 ………………………………………（138）

图语四：等分圆面与几何知识 ………………………………………（144）

图语五：数的知识与形之匠意 ………………………………………（150）

第五章　科学：中国远古纹饰的内在美

中原地区：仰韶文化陶器记录的科学知识 …………………………（160）

四夷：黄河上下游及红山文化的科学知识 …………………………（166）

长江中游：汤家岗与大溪文化等的科学知识 ………………………（173）

长江下游：河姆渡文化等古人类的科学知识 ………………………（179）

另类：墓葬、房址与陶纺轮记录的科学知识 ………………………（183）

寻根：距今一万年~七千年间遗迹遗物的隐秘 ……………………（188）

第六章　艺术：中国远古纹饰的外表美

形简意赅：远古纹饰的抽象简约之美 ………………………………（194）

恢宏张扬：远古纹饰的夸张大气之美 ………………………………（199）

对称整齐：远古纹饰的均衡规整之美 ………………………………（203）

疏密有致：远古纹饰的结构和谐之美 …………………………（208）
蹊径独辟：远古纹饰的新颖别致之美 …………………………（215）

本书主要参考文献 ………………………………………………（221）
后记 ………………………………………………………………（225）
中国新石器时代考古学文化谱系 ………………………………（227）

序一： 千古神州多神奇　返本开新读纹饰

叶贵本

以习近平总书记关于中华传统文化的系列论述和教育部《完善中华优秀传统文化教育指导纲要》为标志，中国的文化建设和国民教育进入了一个新时期。

在此新时期到来之际，王先胜关于中国古代纹饰的普及读物应运而生。它们带着上万年的中华文化基因与信息，以崭新的面孔，出现在我们面前！

中国古代纹饰，车载斗量，一万年来埋藏地下，不为人知；即使发掘出来，绝大多数人也知之甚少。中国上古和远古的刻画秘密、文化密码，笼罩着千年尘埃、神秘面纱，长期不为人知。王先胜这两本普及读物，带给我们远古刻画的神秘与奇异、上古文化的丰富与深邃，细细读来，只觉一路精彩，处处出人意外却又在情理之中。那些承载着远及万年中国古人的奇思妙想，鬼斧神工似的刻画和纹饰杰作，无不令人惊奇与击节赞叹！

这套普及读物，确如其前言所说，介绍的是"中华优秀传统文化"之根，是中华传统文化早期形态的精华部分。除了阅读上带来的不断惊喜和对古人心思与智慧的分享，我认为其价值和意义主要有三点：

其一，对中华民族悠久历史和文化的证明。

中国是有着悠久历史和文化传统的国家，中华文明是世界上少有的数千年来一直没有中断、延续发展至今的文明。这个历史和文化传统，习惯的提法是五千年。王先胜这两种普及读物没有专门论证这个问题，但已提供丰富

叶贵本：重庆市中国传统文化研究会会长，原重庆市教委主任、重庆市政协教科文卫体委员会主任。

的考古学材料及相关认识,说明和证明中国延续不断的历史和文化传统应该在一万年左右。既然史前刻画图案、符号性质类似于文字,是一种相对稳定的文化和文明传播、传承符号系统,而且与青铜时代的纹饰、文化一脉相承,把它作为中华文化、中华文明的起源和开端,也是符合逻辑的。

其二,对先秦"诸子百家"思想文化的探源。

阅读王著,可以发现,先秦思想文化的许多重要概念、命题、知识体系和文化成就,远在新石器时代已经产生或萌芽。

先秦思想文化大多建立于阴阳五行、古易学以及各种天道观、对天人关系的认识和理解之上,王先胜以丰富的考古纹饰材料和简明扼要的解读,为我们呈现了一个以中国古代天文历法、古易学等为核心的知识体系及其文化形态,从远古时代到夏商周-秦汉,一脉相承。

天道观是关于世界本原的根本观点,它是道家与《易经》的哲学基础,也为儒家所借用。被钱穆称为"中国文化对人类最大的贡献"之"天人合一"观也为儒、道、易三家所有。而对天道的认识(包括"天人合一")和知识,无疑要上溯到远古时代。

儒家的礼来源于周礼,而礼的思想和发生不仅可以追溯到神秘威严又诡异的商周青铜器及其纹饰,更可以上溯到远古玉器的精雕细刻以及华彩纷呈、精美绚烂的彩陶纹饰。

其三,为中华优秀传统文化教育提供新的材料、资源和视野。

教育部《指导纲要》要求"在中小学德育、语文、历史、艺术、体育等课程标准修订中,增加中华优秀传统文化内容比重。地理、数学、物理、化学、生物等课程,应结合教学环节渗透中华优秀传统文化相关内容"。

王著介绍的中国古代纹饰较为全面和系统,内容非常丰富,组织精当,纹饰释读也深入浅出,涉及中国古代历史文化的各个领域以及各基础学科的起源,如历史、神话与传说、文物与考古、数学与天文学、工艺与美术、宗教与礼仪、古代文化地理、古代动植物、陶器制作等等,上列各门学科都能各取所需。

当然,更丰富浩瀚的材料在大量的考古报告、简报和其他相关文献里,王先胜的书为读者和老师们进一步查阅、了解和学习浩如烟海的古代文化知识及考古纹饰材料提供了方便和门径,是一个很好的起点。

新时代须有新视野,此之谓:

> 炎黄历史五千年,中华文化一万年;
> 千古神州多神奇,返本开新读纹饰。

序二： 究天人之际， 通古今之变

任鹏杰

中国古代纹饰，远离今人视线，即令考古发掘使其重见天日，世人偶有所闻所见，但于其根底和魅力，或知之极少，或屡有误解。王先胜先生所著《中国远古纹饰初读》、《中国上古纹饰初读》的问世，对改善此窘况或是一种强烈刺激，当为教育、文化、学术界之幸事。

我拜读王先生书稿，感觉宇宙人生真奇妙，不禁反复默赞王先生过人的真知灼见，以至料想认真读过两书者，无论谁都会对王先生报以真诚的谢意。

从科普意义上说，两书系统全面地提供了中国远古和上古纹饰的入门知识，内涵触及历史学、考古学、天文学、易学、文化学等诸多领域，这对广大读者尤其对中小学教师和中学生增知益智、丰富想象力、发展创造性思维，无疑是一种福音。它们不仅提供新的资源和方向，更可能带来探究意趣与创新思维的激发。

在学术意义上看，两书渗透了王先生多年潜心研究的创新见解，这些新见往往有颠覆性的学术贡献，之前已引起历史学、考古学、天文学、易学、文化学等许多专业学术领域专家们的高度关注和极好评赞。两书基于科普性质而著，但读来总能感到一种深厚的学术支撑力使其内容显得不同凡响。它们开启了纹饰学专学的新路径，既有学术拓展之益，更有学术匡救之功，相关专业人士研读，亦必会获益匪浅。

任鹏杰：《中学历史教学参考》杂志主编、陕西师范大学出版总社基础教育研究院院长、中国教育学会历史教学专业委员会副理事长、教育部高中新课程历史学科远程培训核心专家。

纹饰，无论古今，总与人的生活息息相关，意义不可小觑。特里锡德在《象征之旅：符号及其意义》中说，"科学的发展大大削弱了远古符号的想象含义，但具有象征意义的符号仍在不断更新，为人类的生活增添内涵……其力量是理性的语言永远无法比拟的"。在古代和史前，纹饰与符号的象征力量应有过之而无不及。

普列汉诺夫在《论艺术》中认为，原始民族用来做装饰品的东西"使用价值是先于审美价值的"。读王先生的书可知，先民刻画纹饰，恰是为生活中的表达和交流提供方便——一个漫长和富有创造性的文化生成之旅也由此开始。毋庸置疑，中国古代纹饰不仅有令人惊叹的审美效力，其实用功能更是第一性的，诸如表达天文、五行、八卦等不同种类和风格的纹饰，融科学和艺术为一体，个中蕴含的非凡智慧，实在撼人心魄。

本来，"文"与"纹"在古汉语中最初是相通的，《易》有"物相杂，故曰文"之说，许慎《说文》径释"文"本义为"错画"。无论"文"，抑或"纹"，均指一种刻画和纹饰（"文，华也"、"文，犹美也"等是后来才有的含义）。所谓"文明"，不独与文字相关，其与纹饰也是连筋带骨的关系。远古无文字，纹饰就是文明的载体和最高体现。

在系统文字产生之前，中国文化显然存在过一个图案与符号传承方式及知识系统，其历史比文字更加悠久，但这个传统到秦汉后发生了断裂而归于沉寂。王先生的工作，在某种程度上激活了这个久已归于沉寂的传承方式及知识系统，中华传统文化因此有望焕发更多新的生命力，这是极为可喜的。

《易》言："刚柔交错，天文也；文明以止，人文也。观乎天文，以察时变；观乎人文，以化成天下。"人们常引用，于其真义却未必了然。倘借纹饰这种中国传统文化史前之根一路探索下来，人们终究会认识到，中国传统文化强调"天地人"和谐一体，其实是在整体考量宇宙人生诸种关系的基础上，再来谈"人"应该怎样。

因于此，我们对太史公"究天人之际，通古今之变，成一家之言"或可拓展解读：探究人与大自然的利害关系，通晓古今变化之道，把握人类发展

方向，经独立思考形成自己的认识、判断和选择，方能更好地服务自己的人生、社会以及世界。

这是我对广大读者尤其中小学教师和学生阅读这两本书应得感悟的美好期待。

2015 年 2 月 1 日于古城西安

作者前言

在长期研读和探索中国古代纹饰的过程中,我不止一次产生这样的遐想:什么时候在中小学的课堂上,学生和老师可以就一件彩陶或一件著名器物的纹饰进行分析与探讨,包括其谋篇布局、主题表达、单元与结构、艺术特征与表现手法、文化源流与价值等等?它不从属任何课程,它就是古代纹饰课——中国古代纹饰之大美、之浩如烟海及其文化价值所在,使它完全当得起这样专门的课程设置。

它不是语文但有语文的精髓与精义,它不是数学但有数学的基础和缘由,它不是历史但有历史的沉淀和密钥,它不是科学但有科学的精神与萌芽,它不是美术但有美术的外观与灵魂,它不是宗教但有宗教的魂魄和影子……古代纹饰就是这样一个什么都不是又什么都集于一身的"富矿",而且是一座累积几千年的文化富矿!

2014年3月,国家教育部发布《完善中华优秀传统文化教育指导纲要》,要求"优秀传统文化教育系统融入课程和教材体系",在大中小学各门课程以及中小学教师资格考试中增加中华优秀传统文化内容,或直接开设相关课程、增加其在升学考试中的比重。在这样的时代背景和教育文化背景下,《中国远古纹饰初读》《中国上古纹饰初读》这套"中华优秀传统文化"之根源的普及读物可谓"生逢其时"!

中华优秀传统文化在年代和范围上都不止于先秦诸子百家及一些传统观点和认识所指,中国历史也不止于夏商周。以诸子百家为代表的中国古代思想文化、先秦文化有更早的源头,其奠基和生长期在新石器时代,远古纹饰即其表征与载体;中国历史在夏商周之前还有传说中的"三皇五帝",远古纹饰是"三皇五帝"时代文化成就的集中体现。在夏商周-秦汉时期，纹饰也是文字、器物之外传承当时文化、文明的一个重要载体。所以中国古代纹饰是对国民进行中华传统文化教育和爱国主义教育的上佳材料。

在没有文字的远古时代（新石器时代）以及系统文字运用的初期（夏商周-春秋战国），纹饰不仅是承载古代文化、文明的重要载体，还与物质、器物层面的文化文明具有同等重要的地位和意义，其贯通中华文化从远古至秦汉的伟大功绩更是文字所不及。纹饰即文化文明的另一个侧面，是古代文化文明不可或缺的组成部分，也是与物质文化、文字文献并驾齐驱的古代文明"三架马车"之一。可以认为，不读古代纹饰、读不懂古代纹饰，很难说就真正读懂和理解了中国古代文化文明以及历史，"中华优秀传统文化"的确切与深入理解也会存在重要缺失。

事实上，考古学诞生200年来，全世界各地发掘出海量的古代人类文化遗存，其中的刻画图案、符号及一些特殊遗迹、器物的文化内涵或其本来的意思表达，迄今为止未得全面、科学、合理的认读与解读，古代人类精神文化、科学文化及相关神话传说、古代历史未得确切与透彻的研究。而纹饰释读和正确理解是所有这些研究的关键一环。故纹饰知识的普及和传播，也将为历史、考古、史前研究以及所有相关学科的基础研究培养和储备新生力量。

基于以上原因，尤其是中国古代（新石器时代-秦汉）纹饰承载了中国古代思想、传统文化的基础和精华，样式极其丰富、内涵极尽深邃，不乏巧夺天工、精妙绝伦之作，也存在多学科多角度解读的可能性。故期望本书能为中学生素质教育、传统文化教育以及研究性学习提供一些新的材料与思路；如何将浩如烟海、美轮美奂的古代纹饰转化为教育、教学资源，本书如能起到"抛砖引玉"的作用，我们也将深感荣幸！

第一章
纹饰:从何而来,到何处去?

纹饰是什么? 它从何而来,又到何处去?
它最初的模样是怎样的?
它与古文字是什么关系?
它记录历史,还是美化生活?
它在当下又是什么处境?
…………
面临一个陌生又略带几分神秘的事物
我们会有不断的追问和疑问
正是在这种不断追问和疑问的过程中
我们才能逐渐向它靠近

纹饰：
一种记录和传播文化的符号系统

纹饰是一种记录和传播文化的符号系统

纹即纹路、纹样，饰即装饰。广义的纹饰应该包括所有人为制作或因人工而产生的图案、纹路以及一些特殊遗迹和实物造型。本书所论纹饰是一个考古学术语。

考古发掘出土以及传世古代器物纹饰浩如烟海，但是很少有人对纹饰进行科学的定义。本书所论主要指古代纹饰。可以把古代纹饰定义为：古代人类制作或因人工原因而产生的图案、纹路以及一些特殊遗迹和实物造型。

参考文字的定义：文字是人类用来记录语言的符号系统。也可以把纹饰定义为：纹饰是人类制作或因人工原因而产生的一种记录和传播文化的符号系统。古代纹饰就是古代人类制作或因人工原因而产生的一种记录和传播文化的符号系统。

目前在欧洲、亚洲、澳洲都已发现了旧石器时代中、晚期人类制作在岩壁、洞穴、石头、陶器和牙、角、骨器上的刻画图案或雕塑，其中涉及人物、动植物、天象及各种带有一定规律性的由点、线组成的图案，其中大多数距今4万~1万年，有少数年代更早。

这些早期纹饰的产生和存在，意味着原始人类已开始有意识地用符号、图案来表达他们的思想感情和文化创造，当然人类书面语言也开始产生了。

第一章 纹饰:从何而来,到何处去?

人类思想感情、文化文明传承和表达方式的历程

1. 纹饰与人类思想感情、文化文明传承和表达方式的历程

人类思想感情、文化文明的传承和表达方式是不断进步的。

早期人类没有文字,也没有刻画图案、纹饰,只能用肢体语言(如手势、身体动作、面部表情等)和口语来表达和传播。大约在整个旧石器时代[①],人类都只能通过肢体语言和口语来表情达意以及传播、传承文化。

旧石器时代晚期、新石器时代[②]初,人类开始刻画图案、符号,用于帮助记忆和传承、传播文明文化。新石器时代中晚期,纹饰大行其道。在整个新石器时代,文字还没有产生或者仅仅有个别的刻画符号可能等同于后来的文字。

距今四五千年前,系统的文字开始创造出来并得到使用。在中国,这个时间更晚一些。目前所知,在3000多年前的商代,才开始有比较系统的文字,就是甲骨文。

一方面早期文字的表达与表现能力还很有限,另一方面也受到书写文字的材料的局限——刻写在龟甲兽骨上的文字称为甲骨文,刻铸在青铜器上的文字称为金文,春秋战国时期又把文字刻写在竹片和木片上,都非常麻烦,表达与传播要受到很大限制。所以中国夏商周—秦汉时期(青铜时代)是纹饰与文字并行的时代。

到汉代纸张发明后,文字的记载与传播功能才得到充分施展。与此同时,纹饰作为一种记录和传播文化的符号系统,其功能迅速萎缩以至中断,最终成为我们眼中的美术作品或装饰图案。

2. 各种文化传承、传播方式所跨越的时代

虽然我们现在有了更先进的表情达意工具以及文化与文明传播的方式、

---

① 人类产生以来直到约1万多年前的时代称为旧石器时代,人类的生产工具主要是打制石器,比较粗糙。
② 新石器时代即人类使用磨制石器的时代,约在1万多年前开始,下接青铜时代。磨制石器、农业起源、陶器起源是新石器时代到来的重要标志。中国的青铜时代约开始于4000年前的夏朝。

手段，如电讯、磁盘、光盘等。但是纹饰仍然存在，而且也将永远存在下去。

人类思想感情、文化文明传承与表达方式的发展历程可用如下表格简示：

人类思想感情、文化文明传承与表达方式发展历程简况

					电讯、磁盘、光盘
					文字
					纹饰
					肢体语言、口语
旧石器时代	新石器时代	夏商周-秦汉	秦汉后-电讯发明	现代社会-未来	传播方式 时代

纹饰的价值、意义及其研究

1. 纹饰的价值和意义

肢体语言和口语，自人类产生以来，它们一直都存在。

纹饰与文字各是一种相对独立的传承与表达方式，但是纹饰远远早于文字。

电讯、磁盘、光盘等可以把肢体语言和口语、纹饰、文字等传统方式集合在一起。

由于古代肢体语言和口语的即时表达必然消失得无影无踪，纹饰与文字是相互独立的（古代曾有"左图右书"、图文配合的典籍如《山海经》①，但也要文字产生后才可能有），而且纹饰远远早于文字（在距今10000~3000多年的六七千年间，只有纹饰没有文字），所以研究古代文明、文化以及人类发展历史，纹饰是一个无可替代的宝贵资源和资料。

2. 建立"纹饰学"的必要性

我们所说的纹饰是"一种记录和传播文化的符号系统"，主要是指古人刻

---

① 《山海经》是成书于上古时期的一部著名古籍，包括"山经"、"海外经"、"大荒经"、"海内经"四部分，以地理为骨架记述了各地的物产、动植物、族群、神话传说、巫术礼仪、民俗等等，其内容涉及上古以至远古时期。据研究，各部分成书的时间不同，早至夏商周晚期到春秋战国。

第一章 纹饰：从何而来，到何处去？

画在各种器物上的图案、符号，同时也包括一些有特定造型和含义的雕塑、器物装饰乃至器型，也包括岩画和某些特殊遗迹。为此，需要建立一门学问"纹饰学"① 给予专门的研究。

古代陶器生产过程中，制作者常常在陶土和陶坯下使用垫片，从而在陶器上留下席纹、布纹等；为了使器型稳固、不变形甚至美观，会通过按压、捏塑以及用陶拍拍打而留下一些纹饰，轮制陶器时在陶坯上旋画也会留下纹饰，如绳纹、弦纹、篦纹、篮纹、指甲纹、附加堆纹等等。这些纹饰不是制作者刻意用来表达与传播其思想文化的，但它们对研究当时社会的工艺技术、物质生活情况以及各个地区各个时代不同的文化特征，都可能具有重要价值。

因此，我们可以将后一类纹饰一并纳入"纹饰学"的研究范畴。

3. 纹饰研究的主要时段

由于新石器时代是纹饰充分发挥其功能的时代，文字尚处于萌芽甚至萌芽前状态，夏商周-秦汉是纹饰与文字并行的时代，汉以后纹饰的功能萎缩、基本退出记录和传播文化的主流位置，因此纹饰研究的主要时段是新石器时代至秦汉时期。

秦汉以后的纹饰以及当代少数民族传统纹饰，可以成为纹饰研究的补充。

---

① 本书作者认为，考古学产生近200年来一直没有一个科学的理论、可靠的方法对古代纹饰进行释读和研究。作者在研究中国古代纹饰的基础上，提出建立纹饰学以弥补考古学在分支学科及其理论、方法上的缺陷。作为考古学的分支学科，纹饰学是关于古代纹饰研究的一门学问，在中国它主要以新石器时代至秦汉时期的纹饰为研究对象。作为考古学的基本方法，纹饰学是指通过分析古代遗迹、遗物的构造、形制、纹饰形态和结构，主要运用中国传统的象意思维、象数思维及其表达方式，结合相关知识和文化背景，进而探究其本义的一种方法。它是在层位学、类型学基础上的深入和细化，其对纹饰本义的认识建立于相关知识和文化背景及一部分具有严密数量关系的纹饰或遗迹的解读之上。层位学用于发掘，类型学用于遗存排序及文化分区，纹饰学用于探究遗存的含义，三者构成一个完整的考古学方法论体系。纹饰学与图像学、认知考古学等有实质区别。参考王先胜《关于建立考古纹饰学的思考》等系列论文与专著《史前研究新思路——考古纹饰学的理论与实践》。

早期模样：
纹饰、陶器纹饰与彩陶纹饰

早期纹饰可以分三个层次了解：年代最早的纹饰、最早的陶器纹饰与早期彩陶纹饰。

中国目前发现年代最早的纹饰并不是陶器纹饰，更不是彩陶纹饰，而是旧石器时代中晚期的某些刻画，一般是刻在骨器或石头上。陶器纹饰必然是在陶器发明后或发明初期才可能有，大体距今1万年左右；彩陶纹饰出现的年代更晚，距今约8000年左右。

中国境内年代最早的纹饰

1. 山西峙峪与河北兴隆出土的骨刻资料

1989年，著名旧石器考古学家尤玉柱曾介绍两件旧石器晚期和新石器初期的骨刻作品。一件是山西朔州峙峪出土，距今28000多年。上面的刻画纹路很明显，而且不是孤立的单个刻画。具体什么意思，目前很难判断和猜测。纹饰本身也有点漶漫不清。

另外一件新石器时代初期骨刻，出土于河北兴隆县，距今大约13000年（图1.1；彩图1）。该骨刻作品是一件石化的

图1.1 河北兴隆县发现的纹饰鹿角

鹿角枝，上面的纹饰看起来挺复杂，颇有规律。"雕刻（阴刻）的图案可分三组：第一组由直线、斜线和连弧纹组成；第二组由互相平行的密集的曲线组成一个'8'字形；第三组由4组密集的曲线构成，形成对称性很强的图案。"尤玉柱认为它只是一种装饰性美术作品，也可能反映某种迷信色彩。

2. 山西吉县柿子滩岩画

1989年，山西吉县柿子滩遗址发现两幅岩画，距今约1万年（图1.2）。这两幅岩画发现以来，已有多位专家做过专门研究。

图1.2　山西吉县柿子滩岩画

左边一幅，天文考古学家冯时认为是女巫禳（ráng）星图，她头上横排的7个星点象征北斗七星，女巫正在祈祷以消灾。右边一幅，有些学者认为是戴着鹿形头饰经过伪装后的猎手正在与猎物格斗，或者几个戴鹿形头饰的原始人在舞蹈，也有学者认为是一幅"鱼鹿交会图"，其下方的星点跟远古天文历法有关。

3. 重庆奉节兴隆洞发现的象牙刻画

2001年，著名人类学家黄万波等在重庆奉节兴隆洞发现一件象牙刻画，其年代距今15万~12万年（图1.3；彩图5）。黄万波教授邀请了多位中外考古学家、人类学家及其他相关学科的专家研究，都认为象牙化石上那几条直而深的和弯曲度较大的痕迹为人工刻画，而且是用石器刻的。兴隆洞的发现比有记载的欧洲刻画艺术早10万年，比非洲刻画艺术早6万年。

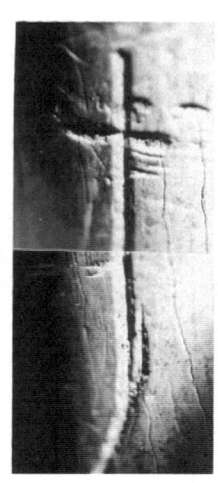

图 1.3　奉节兴隆洞旧石器时代象牙刻画

4. 四川华蓥山地区发现的鸟形骨器化石

2004年，四川华蓥山地区因为采矿暴露出一个距今70万~10万年的化石坑，其中一件鸟形骨器化石尤为珍贵（图1.4；彩图2）。

骨器化石正面为展翅上飞的燕子形状，腹部有一组3个大小均匀、连线呈三角形的圆洞，直径均超过1厘米，深也在1厘米左右。骨器背面及其他地方均有打磨痕迹。专家初步肯定为人类早期艺术制品。

该鸟形骨器化石如果最终被证明为旧石器时代人类制作，那么它在科学史上可能具有重大价值和意义，本书作者曾做专门研究，此不赘述。

图 1.4　华蓥山出土骨雕化石

第一章 纹饰：从何而来，到何处去？

中国新石器早期的陶器纹饰

> **新时器时代分期**
>
> 中国新石器时代早中晚期的年代划分大致为：早期，距今14000~9000年；中期，距今9000~7000年；晚期，距今7000~4000年（也有学者将距今5000~4000年称为末期）。

1. 中国新石器早期陶器纹饰的特点

新石器早期是陶器发明和制作技术逐渐成熟的时期，也是陶器纹饰开始产生、纹样比较简单原始的时期。北京大学考古学家赵朝洪、吴小红等认为江西万年仙人洞、广西桂林庙岩、湖南道县玉蟾岩等多处遗址发现的早期陶器，经多种科学方法测定其最早年代距今17000年左右，证明中国是世界上最早发明陶器的地区之一。

他们认为，早期陶器有的为素面，有的内外壁有绳纹或类似篮纹的条状纹，这些纹饰的形成多半是出于实用的目的，如抹合泥片之间的缝隙等，但也不排除有些纹饰属于装饰性花纹，是先民们出于审美的需要而有意识制作的。

根据考古发掘和研究，现已发现河北徐水南庄头、北京怀柔转年、江西万年仙人洞和吊桶环、湖南道县玉蟾岩、广西邕（yōng）宁顶蛳山、桂林甑皮岩等遗址出土的新石器时代早期陶器（一般为残片）均有纹饰，其年代距今1万年左右或以前，大多数是拍印绳纹，也有少数其他纹饰。

2. 各个遗址出土早期陶器纹饰的情况

北京转年遗址出土陶器，除个别口沿外有附加堆纹或凸钮装饰，均为素面。

北京东胡林遗址略晚于转年遗址，其年代距今11000~9000年，出土的陶片大多数为素面，少数有附加堆纹、压印纹。

江西万年大源仙人洞遗址，年代距今约9000年。其第一期文化出土残陶片90余片，仅复原陶罐一件（图1.5）。陶片上都有绳纹，粗细不同。绳纹的饰法有几种：交错绳纹、分段绳纹、平行绳纹、粗乱绳纹、内外表绳纹。

除绳纹外，仙人洞出土早期陶片还有一种通过抹平而显出条纹的现象，也有几片口沿残片上有一二行圆窝纹。这种圆窝纹是从陶器内部向外壁压制而成，个别因用力太重而将器壁捅穿成孔，甚至将器壁挤裂成缝。

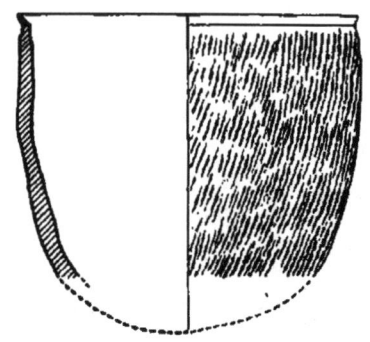

图1.5　仙人洞绳纹陶罐

万年吊桶环遗址与仙人洞遗址相距不远，都是洞穴遗址。

吊桶环出土的陶器表面多为错乱或叠压的粗绳纹，也有部分条纹和似绳纹的网格纹，特别是在部分凹凸不平的陶器内壁也发现纹饰。

值得注意的是，吊桶环出土的骨器或骨片上也有一道道刻画痕。

此外，广西邕宁顶蛳山第一期文化出土陶片，表明其陶器"沿外有凸出的压印花边，花边下饰一周附加堆纹，部分已脱落，器表饰粗绳纹"。

广东英德云岭牛栏洞遗址，其二期的陶器也有绳纹。

3. 桂林甑皮岩遗址出土陶片纹饰举例

桂林甑皮岩遗址前后延续约5000年，其最早的文化遗存距今11000年以前，其第二至第四期文化称为"甑皮岩文化"，距今约11000~8000年。

甑皮岩第二期陶器表面均饰分段多次重复滚压而成的绳纹，其中以印痕较深、较细密的中绳纹最具特点，有少量绳纹上再制作刻画纹；口沿多饰绳纹，有部分为刻画纹，沿下还有少量附加堆纹。

甑皮岩第二期文化陶片纹饰举例：

一件陶器口沿残片，口沿处贴筑一周扁平突棱，沿上饰捺压纹。器表先饰单股细绳纹，再饰Z字形刻画纹（图1.6）。

另一件陶器口沿残片，器表饰双线Z字形刻画纹（图1.7）。

第一章　纹饰：从何而来，到何处去？

甑皮岩第三期文化与第二期相比，陶器纹饰品种增多，有绳纹、捺压纹、绳纹上施刻画纹，刻画纹有平行线、V形、Z形刻画等。

第四期文化陶器纹饰单纯，仅有绳纹，没有刻画纹。

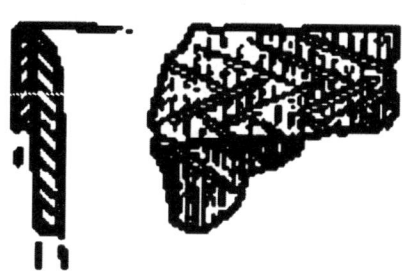

图1.6　甑皮岩第二期文化陶片纹饰标本DT4［28］：055

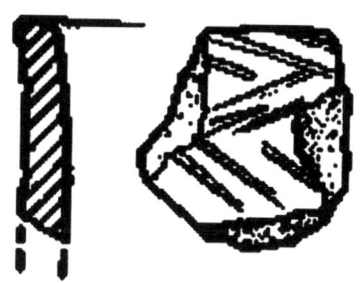

图1.7　甑皮岩第二期文化陶片纹饰标本DT6［25］：015

中国早期彩陶与宽带纹

1. 中国早期彩陶的基本情况

据考古发掘和研究，中国史前[①]彩陶的起源地点可能不止一个，但以仰韶文化、马家窑文化彩陶为代表包括其他同时代考古学文化[②]的彩陶，其源头在渭水流域的大地湾文化。

大地湾文化是以甘肃秦安大地湾遗址命名的一种考古学文化，它主要分布在渭水流域，距今约8000～7000年。一般认为是仰韶文化的前身。

---

① 一般将文字产生之前的时代称为史前时代，有文字记录以来的时代称为历史时期。史前时代与石器时代、原始社会大致相当。本书所称远古时代也指史前时代。

② 考古学家将发掘出土具有同一组物群的多个遗址相关遗迹、遗物共同体称为考古学文化。一般以最早发掘的具有代表性的遗址命名，如仰韶文化因河南渑池县仰韶遗址而得名，马家窑文化因甘肃临洮县马家窑遗址得名。每种考古学文化都具有特定的时空范围，它们可能反映了同一个或相关族群、部落的历史及其活动。有些考古学文化内部可分不同的类型，如仰韶文化可分为十几个不同的类型。本书所涉及各种考古学文化的时空范围参见书后附录《中国新石器时代考古学文化谱系》。

大地湾文化已发掘的主要遗址有：甘肃秦安大地湾（一期）、西山坪（一、二期）、师赵村（一期）、武山西旱坪；陕西宝鸡北首岭下层、关桃园，临潼白家村，渭南北刘、白庙等。

早期彩陶纹饰主要是在圜底钵和三足钵的口沿外侧画一周红（褐）色宽带纹，如大地湾一期出土圜底钵（图1.8；彩图3）、三足钵，师赵村二期出土圜底钵等。

图1.8 大地湾文化彩陶圜底钵

2. 彩陶钵"宽带纹"之谜

彩陶钵宽带纹不仅流行于大地湾文化，在仰韶文化圜底钵上也是一种流行的纹饰。这种简单、大气的纹饰在彩陶钵上可能流行了2000年左右，因为仰韶文化庙底沟类型圜底钵上也常见。一种固定化的纹饰，施于一种特定的器物特定的部位，时间长达2000年左右，这种情况在整个史前时代都是罕见的。

彩陶技术在其产生之初，对于古人来说，就是他们那个时代的高科技。史前人类日常生活中吃饭用的陶碗、喝水用的陶杯一般是不上彩的，而且大多粗糙，到彩陶很发达的仰韶文化时期也是这样。因此彩陶钵宽带纹应该寓含重要的文化内涵和表达。

宽带纹表达什么意思呢？是古人期望未来的生活越来越好、日子过得像康庄大道一样，还是如传统的认识，认为它们只是原始人的美术作品？是象征太阳、日月星辰的运行轨道，还是象征人生道路漫长、日日月月年年循环往复，抑或象征生命的顽强与生死轮回？

3. 早期彩陶上的刻画符号

大地湾文化还出土了一批彩陶刻画符号，大地湾遗址、西山坪遗址都有出土，其中大地湾遗址较多，有多个（组）符号（图1.9）。

第一章 纹饰：从何而来，到何处去？

图1.9 大地湾遗址出土大地湾文化陶片彩绘符号

从何而来：
新石器时代纹饰产生与分类

旧石器时代中晚期原始人已开始在骨器、石头上刻画各种纹饰，虽然数量不多，但说明他们已有思想和想法需要通过刻画来表达或记载，纹饰已经起源了。

作为主要表达思想和想法、传播和传承文化的纹饰盛行于新石器时代，延续至夏商周-秦汉时期，秦汉以后纹饰逐渐演变为主要是装饰和美术性质的刻画、绘画。

在石器、骨器上刻画纹饰一直到今天都没有绝迹，但是这会受到很大限制。一方面材料不那么方便、易得，另一方面刻画也很艰难。

新石器时代盛行陶器，陶器用泥土制作，烧制前将纹饰刻画在陶坯上，烧制后陶器可以长期保存，纹饰也就可以长期存在。陶器的发明解决了刻画纹饰的材质和保存问题，所以远古纹饰主要是在陶器上刻画并保存下来的。

除了陶器，岩画以及玉器刻画纹饰在数量上也相对较多；根据目前所知，玉器纹饰以距今5000~4000年间北方红山文化以及南方凌家滩文化、良渚文化最为突出。

此外，在其他石器、龟甲、牙角骨器等载体上刻画纹饰，也时有所见。

新石器时代陶器纹饰是怎么产生的

1. 陶器纹饰的产生与陶器的产生密切相关

要知道陶器纹饰的产生，首先得了解陶器的产生。

中国、日本、俄罗斯西伯利亚南部等都是世界上最早出现陶器的地区。

第一章 纹饰：从何而来，到何处去？

中国先后在江西万年仙人洞、广西桂林庙岩、湖南道县玉蟾岩、河北阳原于家沟等多处遗址中发现了早期陶器。经多种科学方法测定，其最早的年代距今17000年左右。

早期陶器大多是圆形球体，平底器很少。有研究认为，早期陶器的出现可能与人类之前广泛使用的植物果壳形状有关，同时圆形球体的陶器容积较大，制作又相对容易。

据考古发现和研究，陶器似乎从一开始产生上面就有纹饰。中国发现的早期陶器一般饰有绳纹，也有附加堆纹的出现。

2. 陶器纹饰的产生可能有多种情况与原因

一是陶器制作成型过程中，陶坯垫在编织物或者布片上，陶器底部就可能留下编织物或者布片的纹路（图1.10）。

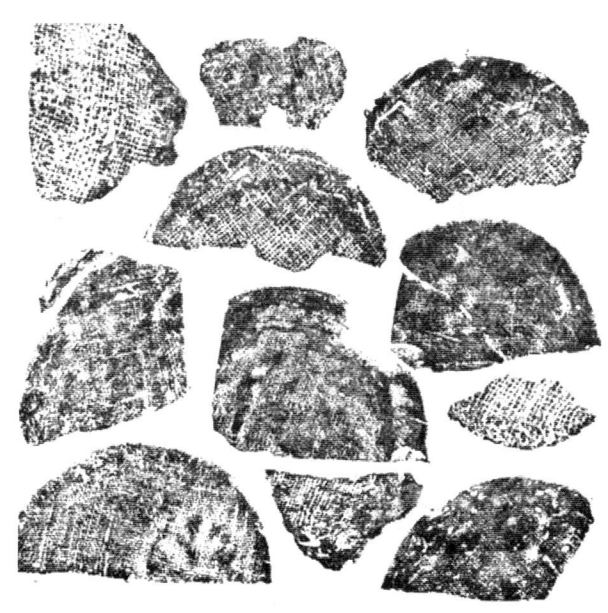

图1.10 兖州西吴寺龙山文化陶器器底布纹

二是陶轮转动修整陶坯，使陶器器型规整、表面光洁美观，在陶器的底部或者器壁会出现因转动而产生的纹路。

三是为了加固陶坯,陶器制作者常常使用工具对陶器的各个部位进行拍打,或者手工操作在陶器上进行按压、刻画、戳刺、拼接有助于陶器稳固的附加成分等,这样也会在陶器上留下各种纹饰。如滚压绳纹,其方法是把绳子缠绕在小棍上,然后用它在陶坯上滚压,以使器壁平整牢固,同时就留下了绳状印痕。这是一种较为原始的修饰方式。

四是有意识地在陶器上绘画、刻画各种图案、符号。尤其是彩色颜料的发现和使用,使陶器纹饰产生质的变化和飞跃。陶器的出现无疑为刻画图案、符号带来了革命性的变化和无限广阔的表达前景。对于远古时代人类的文化表达、记载、传承而言,陶器出现的重要性也许不亚于后来纸的发明。

五是随着人类认识和表现能力的提高,尤其是某些特殊表达的需要,陶器器型以及功能的复杂化、多样化出现,有些陶器的形制或者装饰部分被赋予了特别的文化内涵,具有记载、传播、表现特定文化内容与内涵的功能。这种器型和装饰实际上也是"纹饰"。

3. 不同类别的陶器纹饰其价值和意义不同

第一、二类纹饰以及第三类纹饰的大多数所传达的信息是直观的,容易认识和判断的,一般无须深入研究。第三类纹饰也有不少是古人为了刻意表达或表现某些精神领域里的东西而制作,这部分纹饰其实也等同于第四类纹饰。

不容易理解和懂得其意思表达以及功能、作用的主要是第四类纹饰以及第五类和第三类中的一部分。由于它们是古人有意识的刻画、制作、记载、传播和表达,甚至常常是十分精心细致的设计与制作,它们反映了古人的思维方式、文化与文明程度、心理和精神信仰等等,反映了人类精神领域、思想与文化的发展水平及进步历程,因此需要给予特别重视与深入的研究。

当然这些纹饰也不能等量齐观,其中有些比较直观,意思表达简单明白、容易判断,能够根据"所见即所得"来进行认识和判断。更多的则是不容易认识、理解,甚至由于年代久远、没有文字、古代人类思维和表达方式与现代人的差异,即使有文献记载相关神话与传说但很不可靠,等等,会让当代的研究者绞尽脑汁、众说纷纭甚至陷入迷途而难以确知。

第一章 纹饰：从何而来，到何处去？

新石器时代陶器纹饰的主要种类

前面根据陶器纹饰产生的不同情况与原因，将其分为五类：一是陶坯制作时垫在下面的物品印痕，二是陶器修整过程中产生的制作痕迹，三是为了加固陶器而人为施加的纹饰，四是为了思想文化的表达与传播而制作的纹饰，五是通过器型与附加部分来表达思想文化的构造。

陶器纹饰最主要的类型是第三和第四类，考古学家和考古报告关注最多的也是这两类。前一类纹饰可以帮助考古学家做类型学①研究，从而把纷繁复杂的出土遗迹与遗物按照时空关系、文化特征及互相影响等因素排列有序。后一类纹饰主要与古人的精神世界相关，也可用于类型学研究，当然它们也是构成本书内容的主要部分和来源。

这里主要介绍第三类纹饰，主要有绳纹、篮纹、弦纹、箆纹、方格纹、划纹、附加堆纹、指窝纹、指甲纹、戳印纹、镂孔等等。

1. 绳纹

绳纹就是在陶坯成形后，用缠有绳索的陶拍拍打或滚压其表面而形成的纹饰。

绳纹是中国史前陶器中最为常见的一种纹饰，它分布范围广、流行时间长。从距今一万年前的陶片，到与夏商时期相当的甘肃齐家文化、广东石峡文化、新疆卡若文化等都发现绳纹陶，当然夏商周以后的时代也存在。

2. 篮纹

篮纹与绳纹很接近，也是用陶拍拍打而成。与绳纹不同，篮纹是用刻横槽的陶拍拍打而成。篮纹出现的年代可能远远晚于绳纹。根据考古学家王仁湘对陶器纹饰区的划分与归纳，篮纹在新石器时代晚期才有。但是也有学者认为新石器时代初期，在早期陶器上已有篮纹。

---

① 考古学家借鉴植物分类学对发掘出土的遗迹、遗物进行分类研究以便掌握和区分不同类别遗迹、遗物及其发展、演变关系的一种方法。只有通过类型学研究，才能区分出不同的考古学文化并建立或还原其时空范围，为远古历史和文化研究打下基础。

新石器时代晚期，篮纹的分布范围也很广，并且常与绳纹出现在同一地区同一文化中。

3. 弦纹

弦纹是用陶轮修整陶坯时，制作者有意在陶器上刻画而留下的围绕陶器一周的线形纹路（图1.11），它也只有在陶轮出现以后才会产生，时间大约在距今六七千年前。弦纹有凹弦纹、凸弦纹之分。

4. 箅纹

箅纹是用箅齿状工具压印陶坯而成，其排列形式多种多样。目前发现最早的箅纹陶出现在中原地区的贾湖、裴李岗文化

图1.11　半坡出土弦纹陶罐

以及磁山文化中。自仰韶时代①开始，中原地区除了黄河下游外，不见箅纹陶；相反，箅纹陶普遍存在于东北地区的新石器时代晚期文化。

5. 方格纹

方格纹也是陶拍拍打而成。陶拍上刻有横、竖槽的方格，拍打陶坯时就留下了各种各样的方格纹。

6. 刻画纹

刻画纹是用各种不同的工具（大多数是锥状工具）在陶坯表面刻画而产生的纹饰（图1.12-13）。由于完全是人工操作控制，它可能承载和包含了刻画者想表达的思想文化，也可能毫无意义。

---

① 有些考古学家把新石器时代分为早中晚末期四段，分别以一种著名的考古学文化代称，包括前裴李岗时代（约14000~9000年）、裴李岗时代（9000~7000年）、仰韶时代（7000~5000年）、龙山时代（5000~4000年）。

第一章 纹饰：从何而来，到何处去？

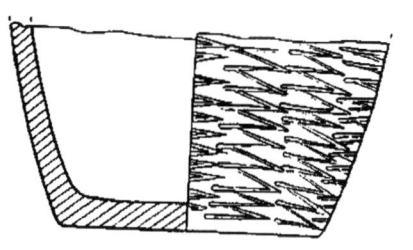

图1.12 赵宝沟文化出土之
字纹筒形罐

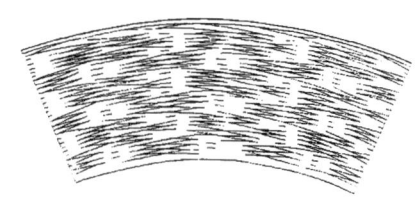

图1.13 赵宝沟文化陶器之
字形纹饰展开图

7. 附加堆纹

附加堆纹是陶坯基本做好后，为加固坯体而附加的泥条、泥块，同时也具有一定的装饰性（图1.14）。为了稳固，大部分附加堆纹都要以手指均匀捏压使其粘接紧密，有的堆纹被手指挤压成波状。因为完全由人工操作控制，有些附加堆纹也可能承载和包含制作者想表达的思想文化。

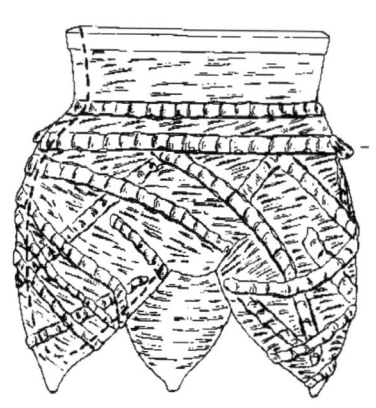

图1.14 内蒙古老虎山文化陶斝（jiǎ），斜篮纹+"五花大绑"式附加堆纹

8. 戳印纹

戳印纹是用木棍一类棒状工具以点刺的方法在陶器上留下的印迹，因工具头部形状、尖利与否以及工具着力的大小、方向的不同，而形成戳刺点形

— 27 —

状及其深浅的不同（图1.15）。由于完全由人工操作控制，有些戳印纹也可能承载和包含制作者想表达的思想文化。

9. 镂孔

镂孔是指在陶器制作过程中，用各种工具在器物的各个部位穿刺镂雕成透雕效果的孔洞。有方形、圆形等各种形状，有些具有实用性，如陶甑底部的蒸汽孔，有些可能只具有装饰性质，也可能承载和包含着制作者想表达的思想文化。

图1.15 半坡遗址出土锥刺纹陶罐

此外，还有压印、制作花边、贴塑泥饼等各种方式产生的纹饰。

关于陶器纹饰的其他情况

陶器可以是素面没有纹饰的，也可能只有单一的某种纹饰，但是常常也有两种或者多种制作方法产生的多种纹饰集于一件陶器。

考古报告上常见对陶器纹饰的直观描述，如称斜线纹、粗线纹、宽带纹、平行线纹、波折纹、弦纹、涡纹、雷纹①、点纹、人字纹、十字纹、同心圆纹、三角形纹、叶脉纹（图1.16）等等。这种描述注重其外观、形态，一般没有顾及它的产生方式和实质性的文化内涵。

图1.16 昆山遗址出土陶罐，拍印叶脉纹

---

① 宋代金石学家将商周青铜器上那种直线直角化的涡纹称为雷纹，当今学者也普遍将古代以及发掘出土的类似纹饰称为雷纹。实际上那些纹饰与自然界的"雷"没有关系，既没有人论证，也无法论证二者的必然联系。

第一章 纹饰：从何而来，到何处去？

中国新石器时代彩陶的起源

彩陶纹饰是新石器时代陶器纹饰的主要构成部分，也是中国远古纹饰的主要构成部分。它们绚丽多姿、光彩夺目的形象以及深邃神秘的文化内涵构成了中国史前纹饰的主流形象和华丽篇章。

一般认为，中国最早的彩陶出现于渭河流域距今 8000~7000 年的大地湾文化。这些早期彩陶多在陶器口沿外侧装饰一圈红色宽带纹——虽然也能见到一些其他的纹饰或符号，但其数量远不及红彩宽带纹。

另外，考古学家还发现，河南舞阳贾湖遗址也出土有距今 8000 年左右的彩陶。但是贾湖彩陶似乎没有对后来的彩陶文化产生什么影响。

1. 有两种途径可能导致彩陶的发明

从早期陶器看，为了使陶胎泥层之间更加紧密地结合，古人一般采用拍打和滚压的办法，使器物表面形成交错的绳纹或其他纹饰。这可能诱导他们发现，未进入陶窑烧制的陶坯上的纹样，在经过高温烧烤后其纹样不仅没有变化，而且可保持长期不变。自然，用颜料先在陶坯上绘画，使其与未干的陶泥结合，再经高温烧烤就可以保证绘画和颜色稳固地附着于陶器。这可能是彩陶发明的一个合理的路径。

另外一种可能：为了器物内壁光滑便于使用，古人采用细小鹅卵石打磨未干的陶坯表面。如果偶尔有颜料落在陶坯表面，打磨烧制后就非常牢固而不脱落。陶器的这种制作过程可能导致彩陶的发明：把颜料绘于未干陶坯表面，用鹅卵石打磨时颜料嵌入陶器，烧成以后色彩绚丽，颜料不易脱落。这种技术得到肯定和传播，成为新石器中晚期陶器制作中的高科技。

2. 早期彩陶的一般印象

陕西临潼白家村遗址出土的彩陶，其年代接近大地湾一期①，对研究彩陶

---

① 一个遗址可能有多个时代遗留下来的堆积物，从下到上可以区分出来，也就是从早到晚可以分期，如大地湾遗址一期为大地湾文化，二至四期为仰韶文化，五期为常山文化。大地湾一期之下还有旧石器时代中晚期文化。

起源也具有重要意义。

白家村出土最有特征的彩陶，即带有红色线纹的圜底钵和三足钵（图1.17）。虽然彩陶的种类很少，型制也很简单，但白家村遗址和其他大地湾文化遗址的发现，表明当时已普遍流行使用彩陶了。

早期彩陶花纹形式比较简单、着彩技法比较粗糙，表现了一定的原始性。但有些红色圜底钵，其内彩花纹不仅有一定的布局如对称性排列，而且有些彩纹可能是具有特定含义的符号。

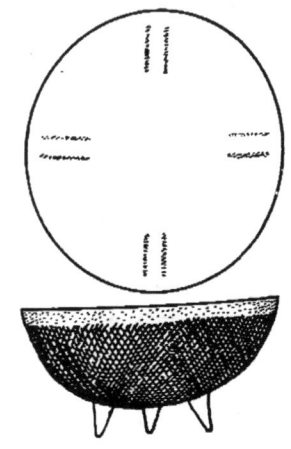

图1.17 大地湾一期三足钵

第一章 纹饰：从何而来，到何处去？

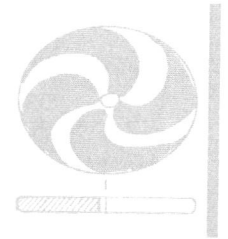

到何处去：
新石器时代纹饰的
三大去向

中国远古纹饰主要有三大去向：一是消失，二是延续、传承至夏商周历史时期，三是为一些少数民族传承使用至今。

消失的纹饰

远古纹饰在一定的时空范围内为古人类使用之后，可能在远古时代就消失，也可能在进入青铜时代后消失。

最典型的就是仰韶文化两个主要类型的主要纹饰，半坡类型的鱼纹（包括人面鱼纹）与庙底沟类型的花卉纹，它们是中国新石器时代传播范围最广、最有影响的纹饰，也都在远古时代就消失了。

半坡类型的鱼纹和人面鱼纹是半坡类型的标志性纹饰，尤其是鱼纹及其变体（图1.18），分布范围很广。它起源并主要分布于渭水流域，影响西至甘肃、青海地区，北达内蒙古南部、长城内外，东到豫西晋南，南及随枣走廊。但是当半坡类型在距今6000年左右逐渐消亡后，半坡鱼纹也就结束了它长达五六百

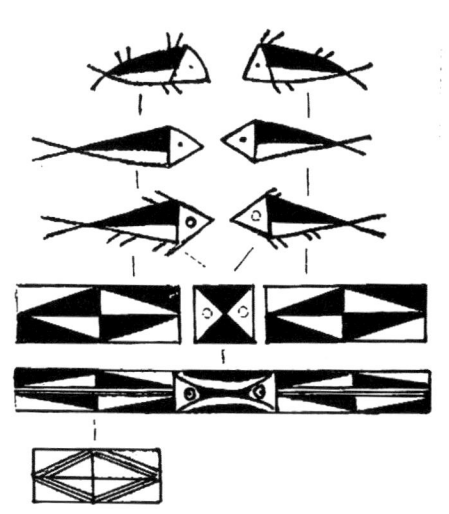

图1.18 半坡鱼纹发展演变图

— 31 —

年的存在。

庙底沟类型花卉纹也是庙底沟类型的标志性纹饰，按照著名考古学家苏秉琦的归纳，它们主要分为两种：一种是菊科类花卉，一种属于蔷薇科花卉（图1.19）。它们产生的年代在6000年前，结束的年代在距今5000年左右，存在达1000年以上。其分布和传播、影响的范围比半坡类型鱼纹更广。

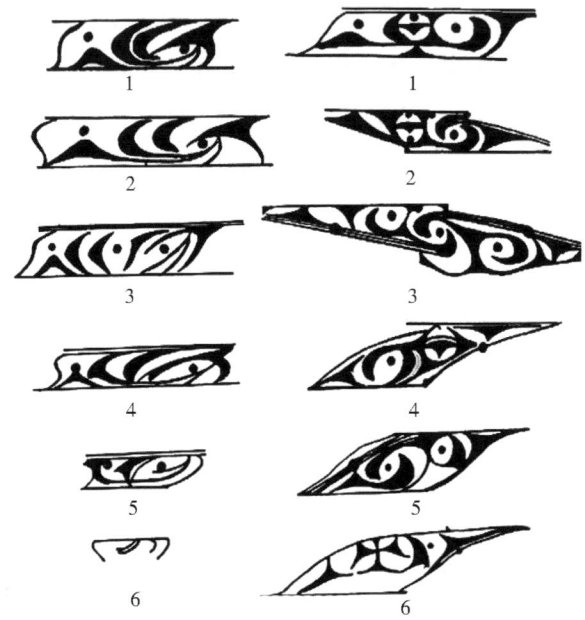

图 1.19　苏秉琦排庙底沟类型菊科（左）蔷薇科（右）花卉图案

新石器时代不少考古学文化的主要纹饰都如半坡类型的鱼纹和庙底沟类型的花卉纹一样，随着考古学文化的消亡或变迁，它们也整体上趋于消失。

延续、传承至夏商周时期的纹饰

这类纹饰主要可分为两种情况：

一是跟陶器的生产、制作及其使用功能有关的纹饰，如绳纹、篮纹、弦

第一章 纹饰：从何而来，到何处去？

纹、篦纹、方格纹、划纹、附加堆纹、戳印纹、镂孔等等，由于陶器制作技术不变、器物功能不变，因而产生的纹饰也不变或者大同小异。它们存在于史前时代，也大都存在于夏商周以及更晚的年代。

如湖北秭归官庄坪遗址出土陶器纹饰，从新石器时代的屈家岭文化到与夏代同时的二里头文化时期，再到东周时期，其中的绳纹、交叉绳纹、方格纹等都得到明显的继承（图 1.20-22）。

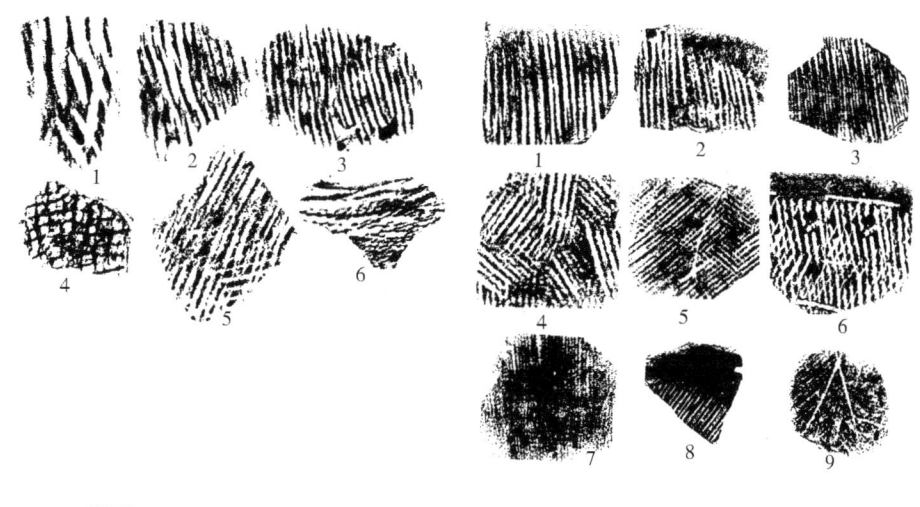

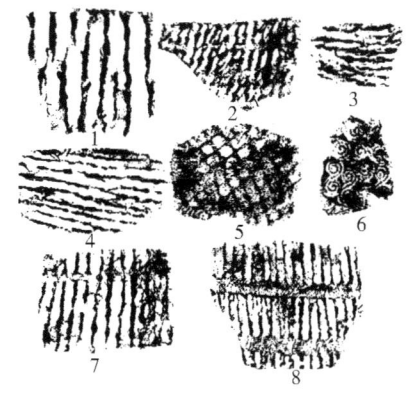

图 1.20-22　秭归官庄坪出土陶器纹饰：上左，屈家岭文化时期；上右，二里头文化时期；左，东周时期

二是可能承载古代人类某些思想观念、精神文化内容的纹饰，自远古时代到夏商周时期以至更晚的时代，一直得到传承。这类纹饰对文化的传播、延续、继承与发扬起到了极其重要的作用，尤其是在系统的文字得到应用之

前，它们的文化传播与传承功能是不可替代的。

如江汉地区屈家岭文化和石家河文化陶纺轮上的阴阳两仪图案（也有一分为四、为八的形式。图1.23），广泛见于夏商周至秦汉时期的青铜器纹饰（学者称为"火龙纹"。图1.24），甚至一些瓦当、石器等其他质地的器物上也能够见到。有些学者认为它们表达了古代宇宙观，有些学者认为它们就是太极图①的原始图形，还有人认为它们可能跟古人对天体运动的认识和天文观念有关。

图1.23　湖北天门邓家湾遗址出土屈家岭文化陶纺轮

图1.24　西周青铜器火龙纹

一些纹饰为少数民族传承使用至今

中国幅员辽阔，历史极其悠久，由于南北方、东西部地理、气候、自然

---

① 太极是中国古代的一个哲学术语和思想观念，儒家认为宇宙和世间一切都由"太极"演化而来，道家称"道生一，一生二，二生三，三生万物"，其中的"一"也相当于"太极"。表达太极、阴阳观念及其关系的图就是太极图，常见的是反S形的阴阳鱼图。

第一章 纹饰：从何而来，到何处去？

资源、物产等生存环境的不同，导致中国形成了历史与文化上既有相互关联又有各自特点与差异的众多少数民族。

在古代以及史前文化的传承方面，不仅各民族、人群相互存在文化交流、影响，而且有些少数民族历史上生存于黄河中下游、中原地区以及长江中下游等，他们原本就是中国古代及史前文化的创造者。由于各种原因，他们在古代不同的历史时期迁徙到了现在的聚居地，长期相对封闭的生存环境与文化习俗，成了他们保存、传承古代及史前文化的有利条件。

如现在主要聚居于云贵川地区的彝族，其古文献《玄通大书》所载"宇宙图"（图1.25）与江汉地区远古时代屈家岭文化和石家河文化陶纺轮上一些阴阳两仪图案几乎完全一致。彝族吞口①中的虎首人面纹（有些画于葫芦瓢）与新石器时代渭水流域仰韶文化半坡类型、史家类型葫芦瓶上的虎首人面纹形神俱似（图1.26）。

图1.25　彝族文献《玄通大书》所载宇宙图

---

① 吞口是云、贵、川、湘等地一些少数民族用于驱邪的木雕，雕像大多以兽头为主，也有人兽结合的，或者以绘画相关图像后的葫芦或木瓢替代，一般挂在门楣上。

图 1.26　彝族吞口（左）与仰韶文化虎首纹（右）比较

这么久远的历史，屈家岭文化、石家河文化以及仰韶文化半坡类型、史家类型中的图像几千年来一直埋藏在地下，在当代才发掘出来，它们怎么会与偏居西南地区的彝族文化如此相似呢？

第一章 纹饰：从何而来，到何处去？

缘分：
新石器时代纹饰与古文字的关系

远古纹饰与中国古代文字的关系

远古纹饰主要是指大约距今10000～4000年间，中国境内古人类刻画的各种图案、符号。古代文字主要指夏商周-秦汉时期的各种古文字。由于目前所知最早成体系的文字是商周甲骨文，之后的古文字大多也跟甲骨文有密切的关系，所以论中国远古纹饰与中国古代文字的关系，可以主要考察它们与商周甲骨文的关系。

新石器时代各种刻画图案与商周甲骨文差异很大，很少有人认为它们是文字。学术界有不少学者把远古刻画符号视为文字，但是目前还没有得到充分的论证。

1. 远古刻画符号的基本面貌与发展历程

根据考古发掘材料，远古刻画符号的面目基本清晰：

距今8000年前，河南舞阳贾湖人已经刻画了一些类似于文字的单个符号（图1.27）。

距今6000年前的刻画符号，渭水流域有半坡与姜寨出土的（图1.28），江淮流域有安徽蚌埠双墩、湖北宜昌杨家湾等遗址出土的，数量较多，有些超过100个，但是与贾湖相比，它们还是一些笔画比较简单的符号，并没有明显的进步或者变化——双墩的刻画符号有些笔画多，但并非文字，与甲骨文也不能联系。

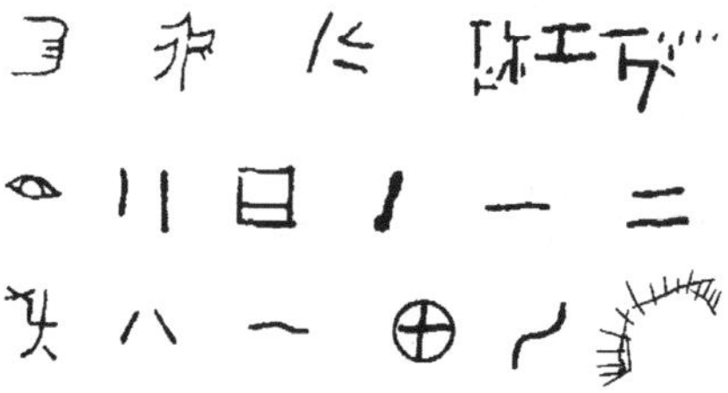

图1.27 河南舞阳贾湖出土刻画符号

图1.28 姜寨遗址出土陶器符号

距今4000多年前的,东南地区有良渚文化的刻画符号,西北地区有马家窑文化马厂类型的刻画符号,它们也比较多,后者超过100个,但它们仍是一些笔画简单的符号,与8000年前的相比,没有明显的进步或者变化。

距今3000多年的河南二里头文化出土了一些刻画符号(图1.29)。这些符号还是一些很简单的刻画,甚至数量上也不比8000年前的贾湖多多少。二里头文化被认为是夏朝

图1.29 二里头文化刻画符号

的文化,它早中晚期的代表性遗迹都已发掘出来,有供统治者居住的城市、宫殿以及埋葬他们的高等级墓葬等重要遗迹,但是没有发现系统的文字。

2. 远古纹饰与古代文字的关系

一般认为,古代文字或者甲骨文跟远古纹饰有密切的亲缘关系,前者由后者发展、演变而来。但是要严格证明是很困难的,或者说这种认识可能很难成立。

第一章 纹饰：从何而来，到何处去？

迄今为止，考古发掘出土的史前纹饰或者刻画符号，跟甲骨文之间的关系，实际上并不密切。仅有很少的刻画符号才能够跟甲骨文作联系，或者说在甲骨文里能找到它们的形象或影子。绝大多数史前刻画图案、符号，并没有成为后来的文字或者出现在甲骨文里。

总体上而言，并不存在由史前刻画向商周甲骨文逐渐演变这么一种趋势。因此，我们不能说甲骨文是由史前刻画图案、符号演变而来。

本书作者认为，史前刻画图案是一个系统（刻画图案一般以一件器物上的所有刻画为一个完整的设计单位和意思表达），那些单个出现的符号是另外一个系统（一般单个出现和使用；有些学者也认为它们是文字，比如湖南的刘志一），商周甲骨文又是一个系统（作为一个"工具库"被人为选择、组织、安排用于记录语言），虽然三者存在个别或者少数符号的互相交叉。

这个认识还可以通过商代的情况给予佐证。

商代青铜器上的饕餮纹（图1.30）、鸟纹、龙纹、云雷纹等是图案、纹饰，与商代甲骨文有显著差别。同时，商代刻画符号也与甲骨文有明显差异：

图1.30　商代青铜器饕餮纹

郑州商城二里岗遗址是商代王城所在，那里出土一批大口陶尊①，内侧刻画符号100多个（图1.31），它们与史前刻画符号一样，还是一些简单的刻画。将它们与商代甲骨文（图1.32；彩图6）相比，虽然其中有个别的相同字符，但从二者笔画的繁简、字符结构、刻写环境与材料、使用情况等各方

---

① 尊是一种容器的名称，一般肩部、腹部较大，底小。

面对比，整体上而言，它们各是一个表情达意符号系统，并非同类。

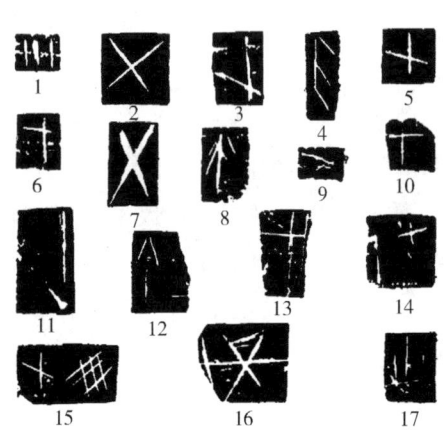 

图1.31　郑州商城出土刻画符号　　　　图1.32　商代甲骨文

大口尊刻画符号与史前刻画符号一脉相承，笔画简单，作为个体单独使用；甲骨文是一种成体系的文字，具有一种文字的完整特征和功能，它们被组织、安排、集合在一起成为一个"集体"被使用，可以系统地记录历史和某个事件。

3. 甲骨文是怎么产生的？

传说古代文字是黄帝时代的仓颉创造的。根据迄今为止的考古发掘和研究，可以认为这个传说基本上不可靠。已知甲骨文大多数都可能是由商周时期的统治者或使用甲骨文的巫师这种少数人，在短时间内集中创造出来的。这种推测有以下几个原因和理由：

其一，商周甲骨文仅有很少部分可与史前刻画图案或符号相联系，大多数建立不起联系；其二，甲骨文使用的范围很小，局限于商周统治者和上层知识分子，尤其是王室；其三，虽然甲骨文的结构规律、反映的人类思维与表情达意方式（可称为象意思维，即以形象、图像、物象表达意思）等与史前刻画图案、符号基本一致，但是大多数甲骨文很难认读，已释读的部分也有一些争议。

第一章 纹饰：从何而来，到何处去？

由于早期文字的创造和使用都是一个相对封闭的系统，我们很难了解造字者的个人想法和意图，故世界上大多数古文字包括甲骨文认读起来都很困难。

当然，由于甲骨文继承了史前刻画图案和符号的思维和表意传统，并可能采纳了部分刻画图案和符号，对我们解读史前刻画图案和符号也有很大帮助。

少数甲骨文与远古纹饰的联系

除了一些可能表示数字的简单笔画，中国远古纹饰能够与商周甲骨文直接相联系的仅有个别，如甲骨文的目、文、贞、五、火等，在史前刻画符号中都有与之相同者，或者极其近似的构形。以下简介几个字符的远古刻画。

1. 目

甲骨文"目"作 ，就是一个眼睛的形象。这个符号在距今8000年前就已经被贾湖人刻在龟甲上了，而且是一个很标准的眼睛形象（图1.33）。

史前刻画符号中，明确的眼睛形象并不多。

在南方地区，尤其是东南部一些史前文化中，流行眼睛形象的变形纹饰。如良渚文化陶豆①上的镂孔，中间一个圆纹，两侧各有一个三角形纹作对称分布（图1.34；彩图4），实际上是对眼睛的刻画与描绘。

美国华盛顿博物馆藏良渚文化玉璧②刻符，其构造为：一束腰的台形建筑，台面似为三级台阶结构；其上立一柱，柱的下端似为串珠，可能表示此柱可以旋转；柱上站一长尾鸟。台形建筑的侧面绘一近似眼睛的纹饰，有学

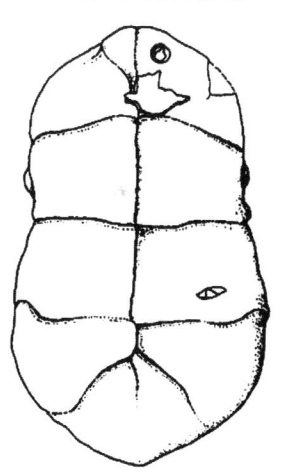

图1.33 贾湖龟甲刻画

---
① 豆是一种古代容器的名称，一般腹部大、口部和底部较小，也有的口部大、腹和底都小。
② 玉璧指一种内圆为空的薄饼式玉器，也有石璧。

者认为即"目"字(图1.35)。

此"目"与贾湖龟甲的刻画及甲骨文"目"字似有区别,好像刻画的两只眼睛,中间的两条相背的弧线表现两眼之间的鼻梁。

二里头文化一期陶器纹饰有一例眼形纹,刻画两只眼睛,而且两眼是竖置的,中间为鼻梁(图1.36)。对照可知,良渚文化玉璧上的刻画可以视为眼睛纹。至于两眼为什么竖置,尚待深入研究。

远古时代墓葬出土的龟甲是非常重要的器物,龟甲一般被古人用来象征北极天盖(参考《中国上古纹饰初读》第一章之《北斗、北极崇拜与龟甲龟纹》及本书第三章之《远古文化密码:斗形纹饰与北极、北斗崇拜》),贾湖龟甲上的"目"字可能寓意用眼睛观测天象。

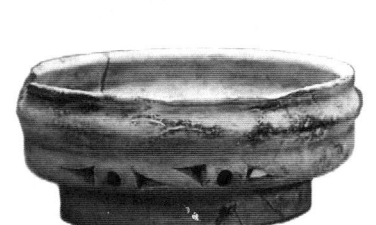  

图1.34 庙前遗址出土良渚文化陶豆 M5：1　　图1.35 良渚文化玉璧刻符　　图1.36 二里头文化一期陶器眼形纹

2. 贞

甲骨文"贞"字作𗀈,此字形见于半坡遗址出土圜底盆的外壁,距今6500年左右(图1.37)。

与甲骨文"贞"字相比,半坡出土圜底盆上的符号中间多了两道横线,其基本构形一致。这个字符的基本构形源于立杆

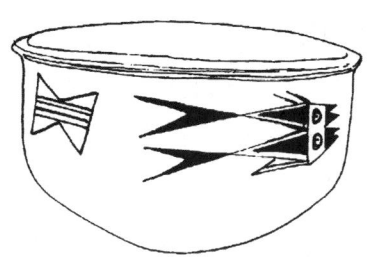

图1.37 半坡圜底盆纹饰

测影所产生的阴阳交午①图形⊠，因为甲骨文"贞"字还有另外一个符号⋈表示，就是一个阴阳交午图形。所以半坡出土圜底盆上的符号是可能与"贞"字有关的。

"贞"即预测，立杆测影即预测天象变化规律以制订天文历法，对天文现象、气候变化进行预测。农业社会靠天吃饭，古代国家以及统治者、人间最需要和重要的预测就是对天象和天气变化规律的预测，早期的"贞"字用阴阳交午图形⊠作为基本结构是极其合理的。

3. 五

甲骨文"五"作⊠、⊠，两个三角形尖角顶对，也是立杆测影所得阴阳交午图形。又作✕，为一个叉形，当是对阴阳交午图形的简化。

阴阳交午图形（符号）及其变形在中国远古纹饰中几乎随时随地可见，这是解读史前纹饰、破译中国史前文化奥秘的一个极其重要的符号，甚至也是了解中国古代文化、传统文化根底最关键的符号之一。

目前所见年代最早的"五"见于长江流域的彭头山文化，在8000年前。

彭头山遗址出土一件石质棒饰（图1.38），一头穿圆孔，另一头刻画一横置的"五"（⋈）。据考古报告，这种石棒饰通体磨光、黑亮，其对钻圆孔两侧有竖向绳槽，总长8.7厘米、宽1.2厘米、厚0.7~1厘米，重16克。这么小巧又制作精致，说明石棒饰可能用于悬挂在人的身上，或者某种仪式场合；它刻有象征立杆测影的阴阳交午符号，说明佩戴者或使用者可能为当时精通天文观测的巫师。

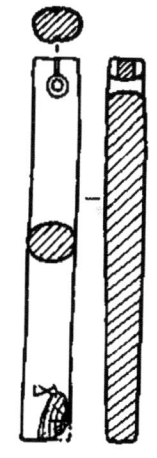

图1.38　彭头山棒形饰

---

① 古代天文观测"立杆测影"活动中的一种现象，指太阳上下午的影子相交于正午时刻和立杆的中心点。

彭头山遗址出土一件陶器支座，还专门制作有两个三角形尖角顶对的镂孔（图1.39），充分说明阴阳交午图形在8000年前的存在，并且得到古人的重视。

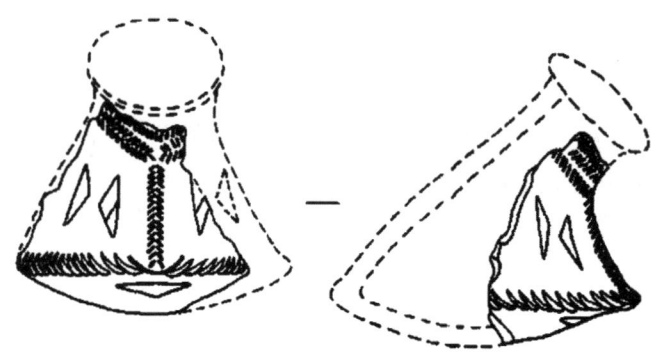

图1.39　彭头山遗址出土陶器支座镂孔

陕西南部龙岗寺遗址出土半坡类型陶钵，在一周红色宽带纹下专门画一个横置的阴阳交午符号（图1.40），从侧面说明大地湾文化和仰韶文化早期彩陶钵流行的红色宽带纹可能寓意日月星辰东升西落在天际画出的圆周轨迹。

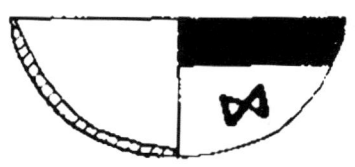

图1.40　龙岗寺陶钵

回头看画有"贞"字形的半坡遗址卷沿折腹圜底盆，与字形相伴的是上下重叠的两个鱼纹。这个鱼纹整体上黑白相间、鱼身作两个三角形尖角顶对、两个鱼纹上下重叠等等，都是反复表现和寓意阴阳，与"贞"字用阴阳交午符号做基本构形，配合得天衣无缝。

阴阳五行①是中国古代思想文化的根本，汉代至六朝时期铸五铢钱（图

---

① 世上万事万物都有相反相对的特性，中国古人称之为阴阳；阴阳观念的产生与太阳的影子及其光照、昼夜、月亮与太阳、一年四季气候变化等密切相关；五行即木、火、土、金、水五种物质，中国古人认为是阴阳产生了五行，五行生成了万物。阴阳五行是中国古人建立的一种世界观模型，以及推演世上万事万物关系的工具，故在古代应用广泛。考其源，五行出于十月太阳历的五季（五时），本为远古历法。

1.41），古代皇帝乃"九五之尊"等，都是古代及史前人类尚"五"的证明和结晶。

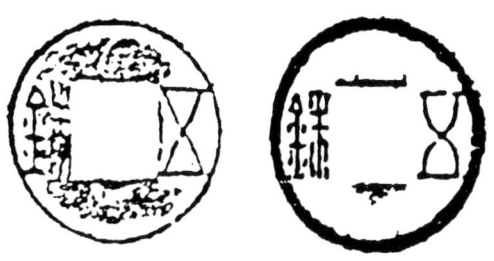

图 1.41　汉代五铢钱

远古纹饰长期存在、系统文字产生较晚的原因

远古时代与商周甲骨文相合的字符很少（图 1.42；彩图 7），但是它们出现的年代却很早，为什么长达几千年都只有很少的字符存在，而没有创造出系统的文

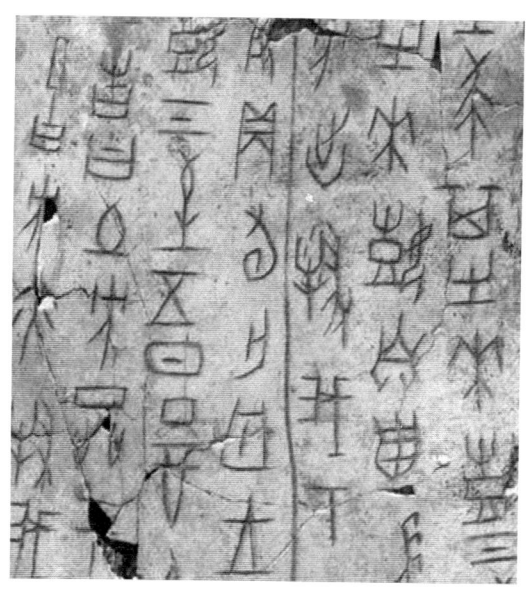

图 1.42　商代龟甲上刻写的文字

（五，左 3 行第 4 字；贞，左 4 行第二字）

字呢？

文字是记录语言的符号，只有在人际交流与社会活动频繁的情况下，系统的文字才具有了产生的动力，才容易创造出来；反之则反。

相比文字而言，纹饰能够看图会意，让人心领神会——我们现在读那些纹饰很不容易，但是在远古时代，在一个有共同生活圈子的人群里，人们当是非常熟悉，能够熟练使用和制作，因此才会留下了浩如烟海的刻画图案、纹饰。由于新石器时代人类交往的范围和频率都受到很大局限，社会活动的复杂性与频繁性也相对有限，因此新石器时代是纹饰流行的时代。

文字在 8000 年前就开始出现了，到 3000 多年前的夏代长达几千年没有明显进步，不是因为智力方面的原因，而是与人口密集程度、人际交往和社会活动的复杂程度不够有关。

第一章 纹饰：从何而来，到何处去？

遗音：
新石器时代纹饰在
现当代的应用

新石器时代纹饰距离现代至少四五千年以上，除了大部分消失在历史长河中，还有一部分为夏商周及以后的历史时期继承和少数民族所传承。虽然秦汉以后的图案、纹样与新石器时代无论在构形还是功能上都大不相同，但新石器时代产生与使用的纹饰至今一直都没有绝迹。一方面由于文化传统的原因，有些与远古纹饰有关的图案、纹样得到继续应用；另一方面由于现代考古发掘的原因，几千年前的纹饰、图案出土后也会得到现代人的青睐与应用。

火纹〰的应用

作者工作单位大门口前摆放了一圈现代人烧制的陶钵，里面栽种观赏植物。陶钵外腹壁的装饰图案取材于中国传统文化：中间一个圆点纹配三个火焰状纹饰，其左侧的动物似鸡似鸟，右侧动物为张牙舞爪的龙（图1.43；彩图10）。两个动物纹样以圆点、火焰状纹饰为中心，因此判断其构图和立意来自于中国古代的二龙戏

图1.43 现代人烧制的陶钵

— 47 —

珠、双凤朝阳图案，是二者的融合。

著名历史学家庞朴曾经论证"二龙戏珠"，其珠子之所以为熊熊火焰状，表现的乃是心宿二的形象（心宿为二十八宿[①]东宫苍龙七宿之一，共三颗星；其中心宿二因通红犹如燃烧的火球，被称为大火星），为中国古代行用大火历的孑遗——《诗经·豳风·七月》中，"七月流火，九月授衣"等描绘的即是秋季来临大火西行、天气越来越寒冷的古代情景。

火焰状纹饰画成三个尖角向上的形状，就是中国古代用来表现心宿三星的纹样。其标准画法 ᴗ 是两个较小的圆弧相连，下接一个大的圆弧，构成三个尖角朝上的图形。这个火纹及其变形纹样广泛见于新石器时代仰韶文化庙底沟类型以及大汶口文化、良渚文化等（图1.44），大多数还带一个圆点（象征心宿二）或者与其他纹样组合。

目前所知年代最早的火纹见于大地湾文化圜底钵的内彩（甘肃西山坪遗址出土），距今8000年左右（图1.45）。

图1.44 大汶口文化、良渚文化火纹

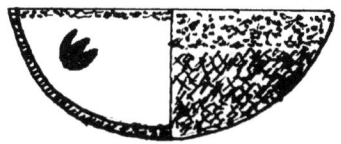

图1.45 大地湾文化圜底钵内彩火纹

火纹及其变形在夏商周-秦汉时期直至现代装饰设计中都能见到，虽然有时候现代人甚至设计者本人可能都不很清楚其来龙去脉以及文化内涵所在。

[①] 二十八宿就是分布于黄道和天球赤道附近的二十八个星座，它们是人为确定的。以北斗、北极为中心，中国古人将二十八宿划分为四组，分别在东西南北四个天区，每区七宿。它们是：东方七宿（角、亢、氐、房、心、尾、箕），北方七宿（斗、牛、女、虚、危、室、壁），西方七宿（奎、娄、胃、昴、毕、觜、参），南方七宿（井、鬼、柳、星、张、翼、轸），简称东宫苍龙、北宫玄武、西宫白虎、南宫朱雀。二十八宿的建立是为了进一步了解太阳和月亮之间的相对关系。

第一章 纹饰：从何而来，到何处去？

八角星纹与阴阳交午符号的应用

八角星纹在新石器时代分布很广泛，在彝族、苗族、土家族、羌族等西南地区少数民族文化中也有传承。

阴阳交午图形⧖、⧗及其变形也广泛见于新石器时代各种考古学文化。

这两种关系密切的远古纹饰在当代也受到设计者的青睐，典型的就是人民币图案、纹样的设计。多套、多种面值的人民币都曾经运用这两种纹样（图 1.46-47；彩图 8-9）。

图 1.46　1980 年 5 角币，国徽两侧，背景图边缘各竖排三个八角星纹

图 1.47　2005 年 50 元，"50"与人头之间为八角星纹

马家窑文化纹饰的应用

2012年11月下旬,作者随重庆文理学院人类学学科团队到黔东南、凯里市做田野调查。进入西江千户苗寨、雷山县城等苗族聚居地,道路上、广场上常见用鹅卵石等石材摆塑的图案(图1.48-49)。这些图案有双线十字形(九宫格、井字形)、同心圆、八角星纹、螺旋纹、连续不断的S形以及螺旋纹与S形的组合图案等。它们都是马家窑文化流行的纹饰、图案(图1.50-51;彩图11-12)。

图1.48 西江千户苗寨道路装饰纹样:连续不断的S纹,S纹两端头为螺旋纹

图1.49 雷山县城街角图案:双线十字纹套同心圆圈纹,外周鹅卵石砌连续S纹一周

第一章 纹饰：从何而来，到何处去？

为什么用马家窑文化的常见图案、纹饰做装饰？只是对史前图案的一种借鉴和利用，还是与苗族的文化传统有关？

图 1.50 马家窑文化彩陶内彩十字纹

图 1.51 马家窑文化彩陶螺旋纹、连续 S 纹

第二章
印象：中国远古纹饰分布概况

在几千年前，在长达数千年的新石器时代
纹饰的基本面貌如何？
黄河中游、上游、下游地区，都有些什么样的纹饰？
北方有什么纹饰？
南方有什么纹饰？
…………
广布中华大地浩如烟海的远古纹饰
我们无法一一细数、娓娓道来
只能提纲挈领，甚至走马观花匆匆掠过——
希望从这里开始，可以期待一个丰满的未来

篮纹 VS 绳纹：新石器陶器纹饰的 PK

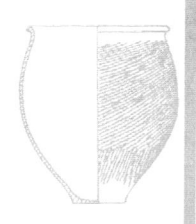

自 1 万多年前陶器灰扑扑地降生到这个世界开始，绳纹就始终与之伴随。

陶器的年代有多早，绳纹的年代就有多长。绳纹当之无愧是陶器纹饰中年代最久远、分布范围最广大的一种，其老大地位在几千年里无纹可敌——制作陶器时用绑有绳子的陶拍拍打陶坯，这个过程天经地义，绳纹怎么不会在陶器纹饰中占据绝对性优势呢？

新石器时代早期的陶器，无论中国南方、北方，绳纹都是最流行的纹饰。

新石器时代中期，绳纹也是最流行的纹饰之一，在陶器纹饰中拥有无可争辩的霸主地位（图 2.1-2）。

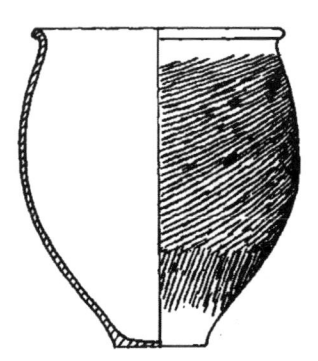

图 2.1 大地湾二期深腹罐，饰斜绳纹

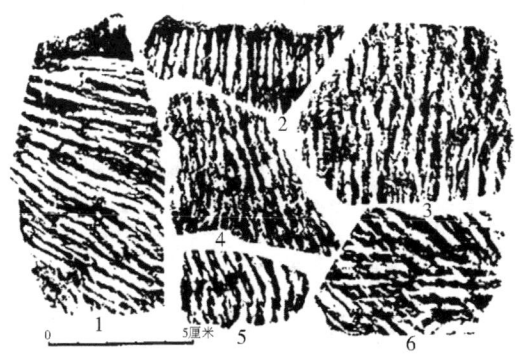

图 2.2 奉节老关庙遗址上层乙组陶片绳纹

第二章 印象：中国远古纹饰分布概况

考古学家王仁湘划分出中国新石器时代中晚期四大陶器纹饰区，其中前龙山文化时期①（距今5000年以上），只有三个纹饰区：绳纹陶区、弦纹陶区、篦纹陶区。那个时代篮纹虽然已经产生，但是还没有形成一个有影响的篮纹陶区。而绳纹陶，除了长江以北的东部至东北地区，几乎遍及大半个中国。

进入龙山文化时期（距今5000~4000年），不仅绳纹陶在东部和北方地区大幅扩展，篮纹陶更是暴发扩张，有与绳纹陶一决雌雄之势（图2.3-6）。王仁湘说：篮纹陶"最初兴起在仰韶文化晚期的黄河中游地区，很快在龙山文化时期就扩展到了绳纹陶所及的广大地区，成为与绳纹陶区范围不相上下的一个很大的纹饰区"。

篮纹与绳纹的PK表现在几个方面：1. 绳纹所及的广大地区，基本上篮纹也到达；2. 篮纹与绳纹区别不大，而且都是用陶拍拍打陶坯形成，有时候很难区分；3. 绳纹有正斜、粗细之分，篮纹也是如此；4. 绳纹常与其他纹饰如附加堆纹组合，篮纹也是如此，甚至绳纹、篮纹出现在同一件器物上。

在龙山时代，篮纹、绳纹就是一幅争霸天下的局面。

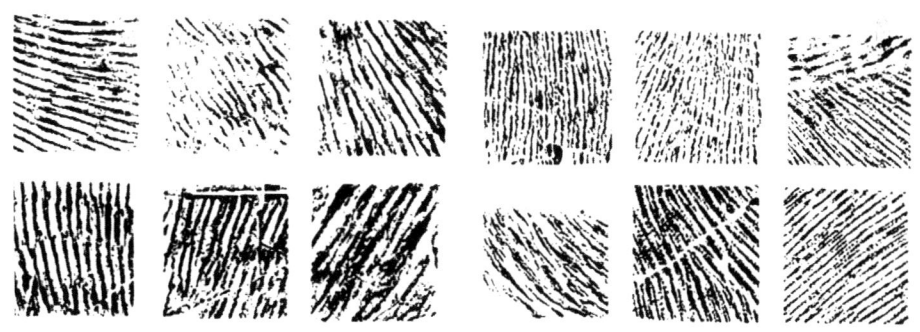

图2.3 内蒙古老虎山文化陶器篮纹　　　图2.4 内蒙古老虎山文化陶器绳纹

---

① "前龙山文化时期"指龙山文化时期以前一段时间，"前××"一般指××之前的一段时间，二者紧相连。

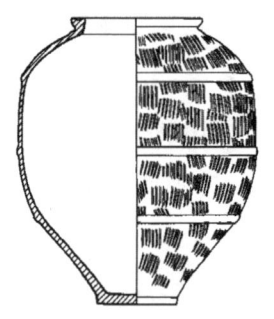 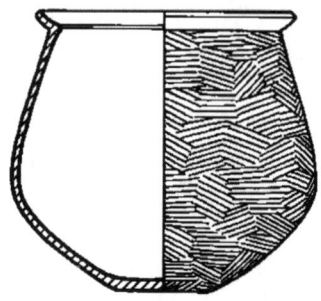

图2.5　房县七里河出土小口瓮，满饰交错篮纹

图2.6　七里河出土仰折沿罐，满饰交错横粗疏篮纹

核心地区：半坡类型、庙底沟类型纹饰

渭河流域、黄河中下游地区，从地理位置看，是中国的核心地区。本地区新石器时代纹饰最丰富的考古学文化是仰韶文化。

根据地域、年代和文化特征的不同，仰韶文化可分为多个不同的类型，包括渭水流域的半坡类型、泉护类型，陕晋豫地区的东庄村类型、庙底沟类型、西王村类型，河南境内的大河村类型、下王岗类型，豫北冀南的后岗类型、大司空类型，等等。

仰韶文化这些类型的年代范围在距今6500~5000年间。其中半坡类型和庙底沟类型是仰韶文化最主要的两个类型，其他类型不同程度地受到这两个类型的影响。

仰韶文化主要源于渭河流域的大地湾文化、黄河中游地区的裴李岗文化和磁山文化。

半坡类型与庙底沟类型的重要性

半坡类型与庙底沟类型是新石器时代传播和影响范围最广的考古学文化，甚至也是对中国古代历史和文化影响最深刻的史前文化。

半坡类型以渭水流域为核心分布区，距今约6500~6000年。

庙底沟类型的核心分布区横跨陕晋豫，距今约6400~5000年。

这两个类型的纹饰不仅影响到仰韶文化的其他类型，也影响到同时代周边地区几乎所有的考古学文化。在整个新石器时代，它们又处于承先启后的位置，因此无论文化还是纹饰，其重要性在远古时代都是首屈一指。

近年已有越来越多的学者把仰韶文化这两个主要类型与中华人文始祖炎帝、黄帝联系在一起思考。

半坡类型的主要纹饰

西安半坡遗址出土的彩陶鱼纹，尤其是半坡彩陶盆上神秘的人面鱼纹（图 2.7-8），由于中学历史教材的普及和各种媒介的传播，在中国几乎家喻户晓。

图 2.7 半坡人面鱼纹彩陶盆纹饰

图 2.8 半坡人面鱼纹彩陶盆纹饰

但半坡类型的代表性纹饰远不止这两种。

以半坡遗址为例，除了鱼纹和人面鱼纹，彩陶钵上的平行线与三角形组合纹饰（图 2.9；彩图 13）、彩陶壶上的折线纹等都是典型的半坡类型纹饰。

有些学者把半坡的纹饰分为写实性的动物纹饰与抽象性的几何形纹饰两大类；动物纹饰包括鱼纹、鹿纹、蛙纹等，几何

图 2.9 半坡圜底彩陶钵

形有平行线、三角形、菱形、网格纹等等。实际上,鱼纹本身也存在由写实性向抽象性几何形演变的轨迹(图2.10)。

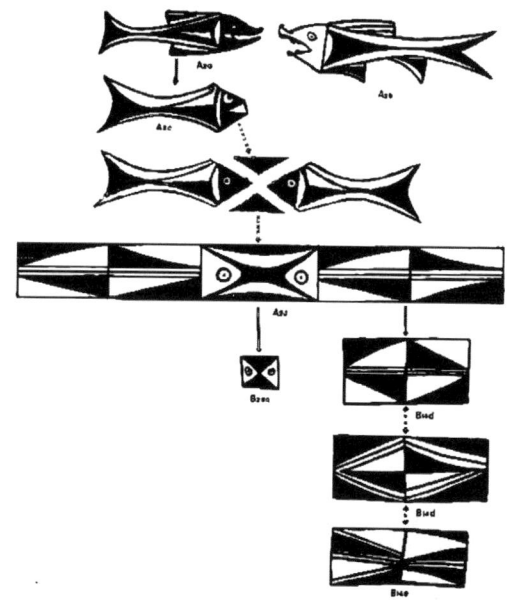

图2.10 西安半坡遗址出土彩陶鱼纹

另外,半坡类型陶器上因陶器制作而产生的绳纹、锥刺纹(图2.11)、弦纹等也很有特色,它们因加固陶器而作,显得十分古朴有特色但又具有一定美感。

图2.11 半坡遗址出土锥刺纹陶罐

庙底沟类型的主要纹饰

庙底沟类型纹饰以彩陶纹饰为代表。

同样是彩陶纹饰,如果说半坡类型纹饰给人的感觉比较机械和拘束甚至有点僵硬,以直线形、角形为其特征,那么庙底沟类型纹饰就显得十分圆通、活泛。二者在风格上大体具有相反的特征。

庙底沟类型彩陶的标志性、代表性纹饰,可以概括为圆点、勾叶、弧边三角形及其各种组合形态,或者仅有圆点与弧边三角形的组合(图2.12;彩图14)。

庙底沟类型有一种花瓣纹彩陶,所谓花瓣纹,也是圆点与弧边三角形组合所形成的地纹(图2.13;彩图15)。

图2.12　庙底沟类型典型彩陶钵

图2.13　庙底沟类型花瓣纹彩陶钵

著名考古学家苏秉琦曾将庙底沟类型彩陶花卉纹,归纳概括为菊科和蔷薇科两大类,如将其拆分,还是可用"圆点、勾叶、弧边三角形及其各种组合"予以概括。

考古学家王仁湘从地纹的角度进行认读,认为庙底沟类型彩陶花卉纹的地纹多是旋纹,可以分为单旋纹、双旋纹、叠旋纹、杂旋纹、混旋纹等不同情况。

此外，庙底沟类型彩陶的鸟纹（图 2.14）、蛙纹及其变形纹饰也是具有代表性的纹饰。

华夏文化艺术博物馆收藏一件庙底沟类型鸟龙纹彩陶钵，其腹部一周饰两条鸟龙纹（图 2.15；彩图 16）。龙纹为仰韶文化器物前所未见，其重要性已为多位著名考古学家所肯定。

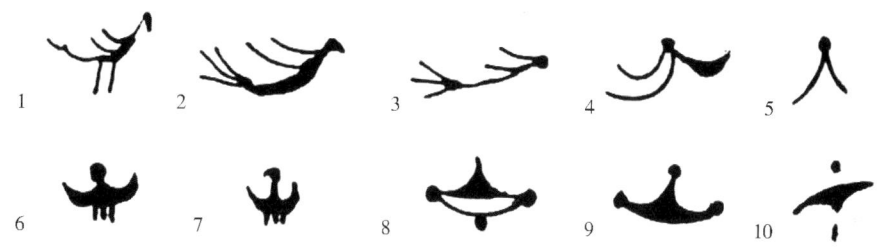

图 2.14　庙底沟类型鸟纹演变图

图 2.15　庙底沟类型鸟龙纹彩陶钵

东部印象：大汶口文化、良渚文化纹饰

东部地区新石器时代纹饰最丰富的是河姆渡文化、大汶口文化、良渚文化。这里主要介绍大汶口文化与良渚文化的代表性纹饰。

大汶口文化主要分布于山东地区，其年代距今约6300~4500年，可分早、中、晚三期。其主要源头是本地区的北辛文化，也受到仰韶文化的重要影响。

良渚文化分布于我国东南部的太湖流域，距今约5300~4000年。其源头是崧泽文化、马家滨文化、北阴阳营文化、河姆渡文化。

大汶口文化的代表性纹饰

大汶口文化有很多独特的器物造型和纹饰，如鸟形器陶鬶（guī）（图2.16；彩图17）、镂孔陶豆、彩陶背壶（图2.17；彩图18）、彩陶豆（图2.18；彩图19）、刻画火纹的大口瓮（尖底缸）等，使其与其他考古学文化鲜明地区分开来。

大汶口文化早期彩陶较少，中晚期彩陶渐多，彩陶纹饰受到仰韶文化的影响很明显。

大汶口文化常见的重要纹饰有：旋纹、花瓣纹（这两种纹饰与仰韶文化庙底沟类型关系密切）、三角形与圆形镂孔、八角星纹、斗形刻画符号（图2.19）、"日、火、山"刻画符号（图2.20）。

大汶口文化刻画符号的形态和结构相当稳定，使用的频率也比较高，容易被专家学者视为文字。著名学者唐兰在1977年就把大汶口文化刻画符号视为文字，并据此认为中国已有6000多年的文明史。

图2.16 大汶口文化
鸟形器陶鬶

图2.17 大汶口文化
彩陶壶

图2.18 大汶口八角星
纹彩陶豆

图2.19 大汶口文化各式斗形
陶刻符号

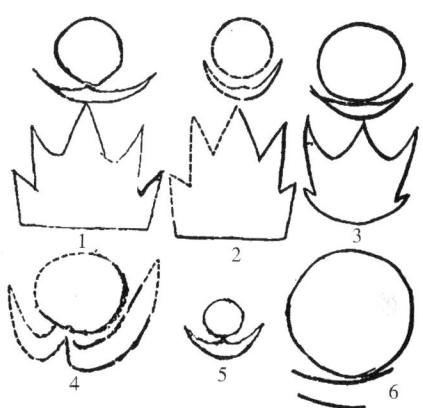
图2.20 大汶口文化"日火山"组合
陶刻符号

良渚文化的代表性纹饰

良渚文化以玉器著名,样式繁多、造型独特。玉器上的纹饰主要是一种人兽合一的神面纹(有各种繁简不一的样式),有学者称之为"神徽",把它们视为良渚文化的徽标(图2.21-22;彩图20)。

 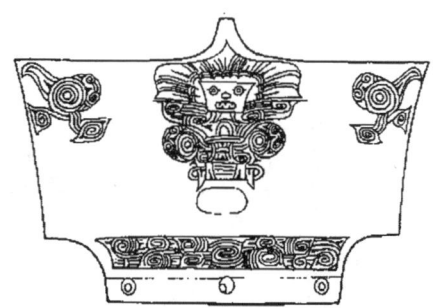

图 2.21 浙江余杭瑶山出土玉琮　　图 2.22 浙江余杭瑶山出土玉冠形器

除了人兽神面纹，良渚玉器纹饰还有鸟纹及其变形纹饰、鸟与高台立柱的组合纹饰等（图 2.23-24）。这些纹饰大都精雕细刻，常用平行线、同心圆、螺旋形线纹组合成各个部件，犹如用细线缠绕起来的样子。纹饰给人的印象神秘而烦琐。

 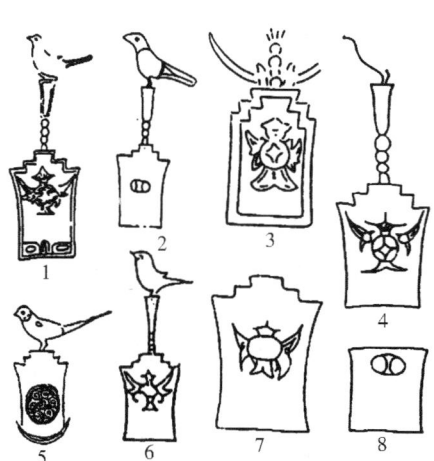

图 2.23 良渚文化玉器鸟纹　　图 2.24 良渚玉器图像

玉琮是良渚玉器中最重要的器物，它们的结构是内圆外方，分段分节。目前发现最少的只有一节，最多的有 19 节，其形象犹如一座现代化的摩天楼。玉琮的形制本身即具有纹饰性质，其制作当有特定的文化内涵和背景。古代文献说"以苍璧礼天，以黄琮礼地"，琮是一种祭地的礼器，也有学者研究认为玉琮具有礼祭天地的功能。

良渚文化陶器纹饰也以鸟纹、鸟龙纹（图 2.25）、火纹具有代表性，其风格特征与玉器纹饰一致，也是精雕细刻、神秘而烦琐。

图 2.25 良渚文化出土陶壶残片鸟龙纹饰

西部印象：甘青地区马家窑文化纹饰

马家窑文化主要分布于甘肃中南部和青海东北部，其年代距今约5800~4000年，分石岭下、马家窑、半山、马厂等四个类型，前后相继。

马家窑文化受到仰韶文化的重要影响，其彩陶是中国远古时代继仰韶文化之后的第二个高峰。彩陶不仅数量众多、器型丰富，而且图案绚丽多彩而富于变化，成就了中国史前彩陶的巅峰时代。

石岭下类型彩陶纹饰以在陶器上绘画大型的S形或反S形最为典型，其S形的两端常常画成旋涡纹，或在旋涡纹的中心又填一圆形纹。台湾的陈立夫曾将这种S形或反S形纹饰视为太极图的最早样式（图2.26）。

马家窑类型彩陶纹饰以在陶器上绘画蛙纹、叶形纹（内填平行线）、圆点纹或中间加"十"字形的壁形纹、弧边三角形、波浪形纹饰及其组合为常见（图2.27-28；彩图21）。

半山类型以锯齿纹、S形或反S形纹（两端仍常常画成旋涡纹）、垂幛纹、人蛙合一纹等及其组合纹饰为典型（图2.29-31；彩图22-24）。

马厂类型纹饰以抽象蛙纹、蛙肢纹、四大圆圈纹（或在圆圈里再填绘各种纹饰）、卐字纹等为特征（图2.32；彩图25）。

马家窑文化彩陶纹饰，尤其是到后期的半山类型、马厂类型，纹样十分繁缛。

图2.26 马家窑文化双龙太极图（陈立夫）

当然，马家窑文化各类型的纹饰也存在互相关联、前后相承的关系。比如蛙纹，早期是写实的，到半山类型人蛙合一，到马厂类型变成抽象性的蛙肢、蛙爪纹。

图 2.27　马家窑类型彩陶盆俯视图

图 2.28　马家窑类型彩陶盆俯视图

图 2.29　半山类型大旋涡纹彩陶壶

图 2.30　半山类型垂弧锯齿纹双耳罐

图 2.31　半山类型神人纹双耳壶

图 2.32　马厂类型蛙纹罐

北方印象：仰韶文化、红山文化纹饰

仰韶文化是中国新石器时代延续时间最长、分布范围和影响最广的考古学文化，其中半坡类型、庙底沟类型对仰韶文化其他类型产生了重要影响，这种影响当然也包括纹饰的影响。

仰韶文化不仅对其周边地区同时代的考古学文化如西部的马家窑文化、东部地区大汶口文化、北方的红山文化、南方的大溪文化产生了影响，其本身也分布到属于北方的内蒙古南部河套河曲地区以及北京、张家口以西的长城地带。

红山文化分布于燕山以北、大凌河与西辽河上游地区，是新石器晚期北方最著名的一种文化，距今6600~4800年。红山文化主要源于本地区新石器时代中晚期的兴隆洼文化、赵宝沟文化，也受到从黄河流域北上的仰韶文化的重要影响。

仰韶文化不同类型的纹饰特征与印象

半坡类型的主要纹饰鱼纹、平行线纹，庙底沟类型的主要纹饰旋纹、花瓣纹都对仰韶文化其他类型产生了明显的影响。

与半坡类型年代接近的后岗类型，主要分布于豫北冀南，其圜底钵上成组的平行线纹，明显与半坡类型几何形纹饰中的平行线纹具有亲缘关系（图2.33-34）。

与庙底沟类型年代和分布地域都接近的河南大河村类型，其彩陶纹饰同时受到半坡类型与庙底沟类型的影响。如郑州大河村遗址出土彩陶钵上，有

第二章 印象：中国远古纹饰分布概况

成组平行线与阴阳交午符号（或其变形）、阴阳交午符号中间夹菱形的组合（图2.35），这些纹饰的源头都在半坡类型；大河村遗址出土另一件彩陶钵（图2.36），其圆点、勾叶和弧边三角形（地纹为旋纹），源头则在庙底沟类型。

图2.33 西安半坡出土几何形纹饰

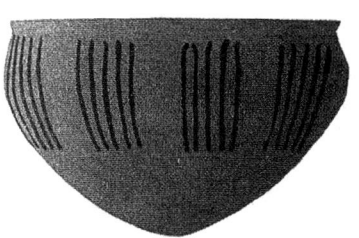

图2.34 后岗类型圜底钵

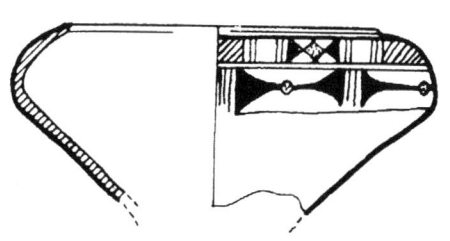

图2.35 大河村第三期彩陶钵纹饰

图2.36 大河村月亮纹彩陶钵

主要分布于豫北冀南的大司空类型，紧接后岗类型。

大司空类型彩陶上的平行线纹、两个弧边三角形上下错开（实际是阴阳交午图形的变形）的纹饰（图2.37），其源头都在半坡类型。

图 2.37　大司空类型彩陶钵纹饰

红山文化的代表性纹饰

红山文化与其前身兴隆洼文化、赵宝沟文化一样，流行筒形罐与"之"字纹，这是北方地区新石器时代文化的典型特征（图 2.38-39）。

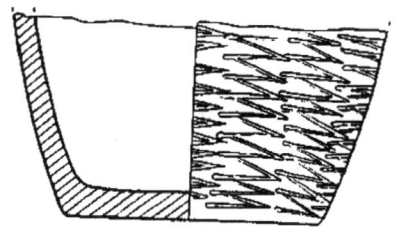

图 2.38　赵宝沟文化出土之字纹筒形罐（残）

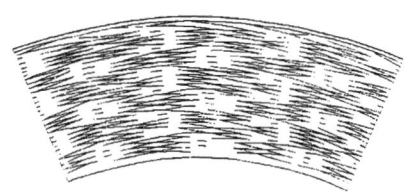

图 2.39　赵宝沟文化陶器之字形纹饰展开图

红山文化的纹饰主要通过其独特的器物造型反映出来，如勾云形玉器——可分为"鸟兽纹"玉器与"并封"类玉器两大类（图 2.40-41）、蜷体玉龙（图 2.42），都是红山文化的代表性器物，其造型也可视为红山文化的代表性纹饰。

"鸟兽纹"玉器一般是中心为一个蟠蜷状结构，其四角上各有一个勾角。"并封"类玉器就是左右为兽首、中间刻画兽面——主要是眼睛和一排牙齿，造型结构如《山海经》中的"并封"图像（左右有首、两首一身之怪物）。

这些造型怪异的玉器，其象征意义引起学术界广泛的研究和讨论。

由于受到仰韶文化庙底沟类型的影响，红山文化彩陶也有旋纹及其变形纹饰。

第二章 印象：中国远古纹饰分布概况

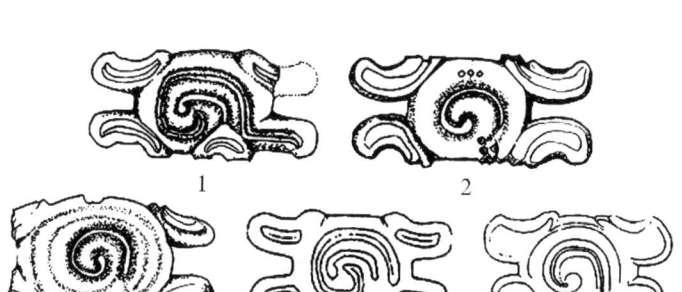

图 2.40 红山文化"鸟兽纹"玉器

图 2.41 红山文化"并封"类玉器

图 2.42 红山文化蜷体玉龙（玉猪龙）

长江中游：陶支座满身刻画的复杂图案

长江中游、三峡地区新石器时代中晚期的考古学文化，其主要发展演变序列是：彭头山文化、城背溪文化→皂市下层文化、汤家岗文化、大溪文化→屈家岭文化→石家河文化。

在湘西地区，新石器时代中晚期有高庙文化→松溪口文化，它们后来为大溪文化所淹没。

长江中游新石器时代纹饰概况

屈家岭文化、石家河文化陶纺轮上的阴阳两仪太极图式绘画，汤家岗文化、大溪文化陶盘上的八角星纹、S纹，都是远古时代令人印象深刻的纹饰。

湖南黔阳高庙等遗址出土陶器上的兽面纹、凤鸟纹、八角星纹也令人瞩目。

从宏观上看，长江中游、三峡地区新石器晚期汤家岗文化、大溪文化、屈家岭文化、石家河文化的纹饰似乎不如同时期黄河流域、长江下游那样发达与丰富多彩。但是令人意外的是，属于新石器时代中期距今八九千年的彭头山文化却有着非常丰富甚至繁复的刻画图案、纹饰，尤其以八十垱遗址出土的陶支座纹饰为典型和代表。

湖南澧（lǐ）县八十垱和彭头山遗址出土的荷叶边陶钵，造型优美，有五、七、八、九、十一等多种方式等分其口沿的器型（见本书第七章《图语：中国远古纹饰的纪事性》），也有严谨、规范的同心圆纹、由平行线组成的折线三角、交叉线纹等较复杂的纹饰。

当然最繁复的纹饰出现在陶支座上，此现象不见于同时代的其他考古学文化。

彭头山文化陶支座纹饰

彭头山文化距今 9000~8300 年，目前发掘有彭头山遗址和八十垱遗址，其中八十垱遗址出土了一批刻画复杂、结构规整的陶支座纹饰。

现据《彭头山与八十垱》考古报告，简介 2 件八十垱遗址陶支座纹饰，以管中窥豹。

标本 T26④：3，垫部残。支座背面"两端各饰四个对称圆形泥垫突，两侧各饰四个对称长三角形凹窝，座两侧边各施一半月形镂孔，尾挡中心施三角形镂孔，尾挡顶边及两侧边压印齿状纹，余素面"（图 2.43）。

标本 T47-16：145，垫部残。"装饰繁缛。座背中轴施一排长菱形凹槽，两侧各施一个大三角形镂孔。背、尾及侧、尾交接棱边均饰压印深菱形凹窝。座两侧边饰刻画几何纹及月牙形镂孔，座前端划压网状绳纹。尾挡顶部施三角形镂孔，余饰成组刻画纹。"（图 2.44）

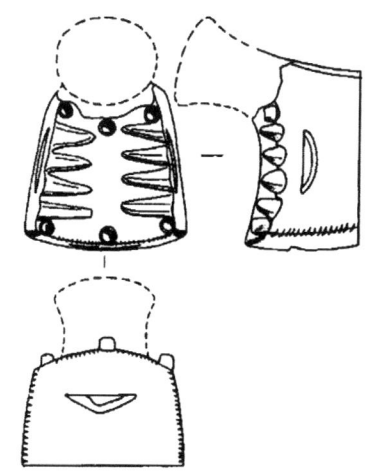

图 2.43　八十垱遗址出土陶支座

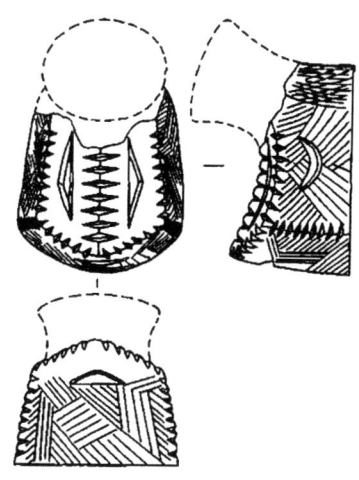

图 2.44　八十垱遗址出土陶支座

秭归柳林溪出土陶支座纹饰

长江中游的三峡地区，距今 6500 年左右的宜昌杨家湾遗址、秭归柳林溪遗址，都出土了大量刻画符号，为同时代其他考古学文化少见。

最令人称奇的是，柳林溪遗址出土陶支座上的刻画图案、符号，其丰富、繁复程度为中国新石器时代所仅见。

柳林溪遗址共发现陶支座 1000 余件，除少量素面外，绝大多数都附加有不同的纹饰，而且几乎没有一件是重复出现的。纹饰复杂多样，以各种组合刻画纹、戳印纹为主（图 2.45-48）。

由于陶支座纹饰罕见的繁缛，使考古学家发出这样的感慨："如此多而且纹饰复杂多样的支座的出土给我们提出了一个如何理解其功能的问题……"

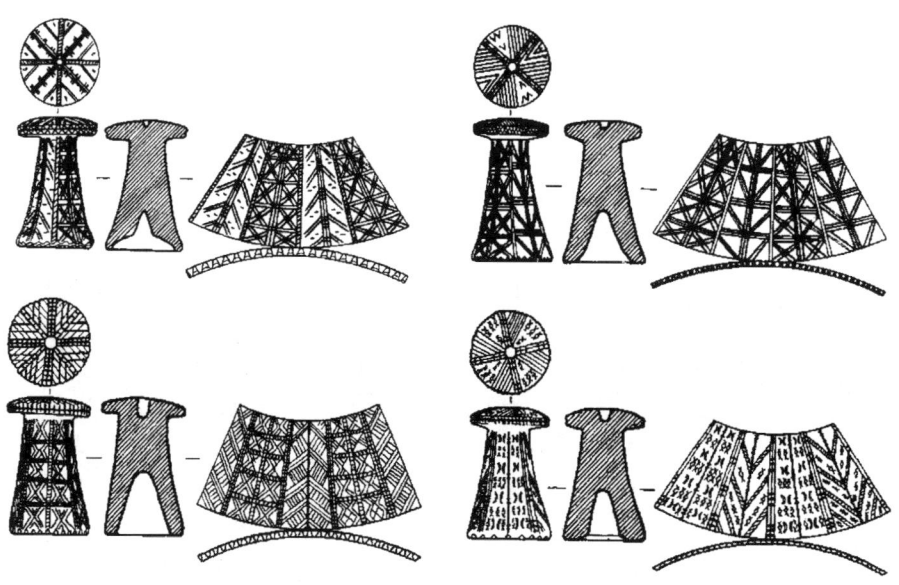

图 2.45-48　湖北秭归柳林溪出土陶支座纹饰

第三章
路径：远古纹饰解读的方法及现状

远古纹饰表达什么意思？
有什么深刻的寓意、象征？
原始人为什么要刻画它们？ 为什么要那样刻画？
是巫术，是图腾，还是装饰、美术？ 文化记忆？
有什么方法和路径可以深入、确知？
…………
纹饰与文字不同之处在于
文字在三千多年前才被创造出来
而纹饰从一万年前到两千年前，没有中断
这为撩开远古纹饰的面纱提供了基础和可能

新石器时代纹饰解读的各种方法与现状

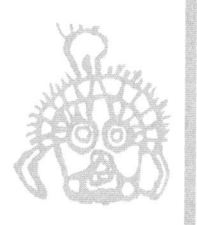

将近200年来,全世界不断发掘出古代和史前人类的遗迹、遗物,考古学家和其他相关学科的专家也在不断努力和尝试解读古代刻画图案、符号以及其他一些遗迹,但是,迄今为止,从整体上而言,现代人并没有读懂史前纹饰。如半坡人面鱼纹、庙底沟类型彩陶"花卉纹"、马家窑文化蛙纹、红山文化"勾云形"玉器、良渚玉器"神徽"等在学术界都多达一二十种甚至好几十种不同的理解与认识。甚至像商周青铜器"饕餮纹"之类,不同的理解和解释很多,但科学的论证很难。中国如此,全世界亦然。

虽然纹饰解读现状如此,但学术界解读远古纹饰的思路和方法也不少。归纳一下主要有这样一些角度及思路、方法:1. 美术与装饰;2. 图腾与祖先崇拜;3. 巫术与神灵崇拜(自然崇拜、生殖崇拜);4. 季节与天文历法;5. 古代文献与神话传说;6. 文化人类学或民族学资料的对比。

实际上古代纹饰、史前纹饰种类繁多,单一的某个角度的思路与方法可能并不能完全囊括解读所有纹饰。对史前纹饰的解读应该允许或者需要多学科、多角度的思路与方法。

以下对前面四种角度的研究以及本书作者的思路作些介绍与说明。

美术与装饰

把史前刻画与图案视为原始人类的美术作品或者装饰图案,这是一种直观的认识与理解。

市场上关于史前刻画、图案的书,大部分都是这方面的。有些书还是考古学家做的，如张朋川著《中国彩陶图谱》等。

可以说古代和史前刻画，无论在哪个时代或者具体的文化环境与背景下，它们都具有一定的装饰性质，绝大多数都可以视为美术作品。

但是根据考古学研究和考古学家对史前纹饰的具体感知与认识，史前纹饰不仅仅是一种美术作品，不仅仅具有装饰作用，而应当与古人的思想、信仰和精神生活密切相关。很多考古学家都表达了类似认识，如北京大学考古学教授严文明、中国社会科学院考古学家王仁湘、著名历史学家李学勤等。

即使从美术和装饰的角度考察，彩陶图案也让人感到其创作意图不仅仅在于起到美化与装饰作用。如《半坡仰韶文化纵横谈》认为，作为美术或装饰纹样的彩陶不能仅仅视为美术和装饰，应该有更多的"文化"，只是这种"文化"难以为我们所认知。

如果看著名学者李泽厚在《美的历程》中的论述，会让人感觉特别辛苦费力，因为它总感觉这种美术图案里面有很多很深的"文化"和"精神"，但是又说不清道不明。

图腾与祖先崇拜

"图腾"（totem）一词来自北美印第安人奥吉布瓦人语言的译音，其基本含义为"他的亲族"。原始人认为图腾与自己的祖先有血缘关系。

中国考古学家在理解和释读史前彩陶那些看似有很多很深"文化"和"精神"的图案、纹饰时，普遍地使用了"图腾"一语，将它们视为原始人类崇拜的图腾。

河南临汝出土仰韶文化陶缸上有一幅白鹳叼鲢鱼的"鹳鱼石斧图"（图3.1），著名考古学家严文明就解释为一个奉白鹳为图腾的氏族与一个奉鲢鱼为图腾的氏族之间的战斗。其情节如下：

在酋长的瓮棺上画一只白鹳衔一尾鱼，决不单是为了好看，也不是为着给酋长在天国玩赏。依我们看，这两种动物应该都是氏族的图腾，白鹳是死者本人所属氏族的图腾,也是所属部落联盟中许多有相同名号的兄弟氏族的图腾,鲢鱼则是敌对联盟中支配氏族的图腾。这位首长生前必定是英武善战的,他高举那作为权力标志的大石斧,率领白鹳氏族和本联盟的人民,同鲢鱼氏族进行殊死的战斗,取得了决定性的胜利。在他去世之后,为纪念他的功勋,专门给他烧制了一个最大最好的陶缸,并且打破不在瓮棺上作画的惯例,用画笔把他的业绩记录在上面。当时的画师极尽渲染之能事,把画幅设计得尽可能的大,选用了最强的对比颜色。他把白

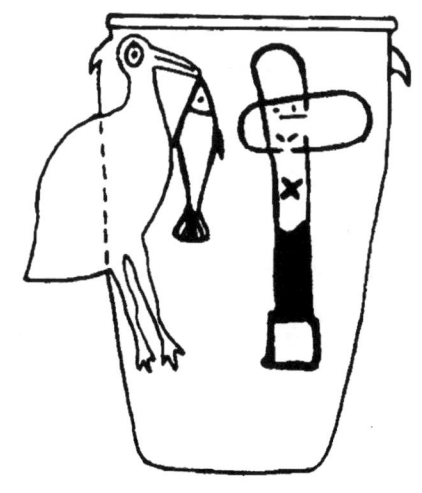

图3.1 仰韶文化陶缸

鹳画得雄壮有力,气势高昂,用来歌颂本族人民的胜利,他把鲢鱼画得奄奄一息,俯首就擒,用来形容敌方的惨败。为了强调这场战斗的组织者和领导者的作用,他加强了最能代表其身份和权威的大石斧,从而给我们留下了这样一幅具有历史意义的图画。

其实,"图腾说"面临很多障碍,如根据考古学研究彩陶上的鱼纹、鸟纹、蛙纹,它们的演变方向都是抽象的几何形纹饰,作为图腾的鱼、鸟、蛙为什么要画成三角形(或两个三角形、四个三角形组合的图案)、弧边三角形、圆点、旋涡纹、螺旋纹、圆圈纹、垂幛纹、折线纹等等?图腾学者从来不解释这个。

著名人类学家和考古学家冯汉骥、张光直等,他们都不认为中国古代存在图腾。冯汉骥早在1944年就对国内的图腾研究提出批评,认为图腾说从理论的产生到中国的研究,都很不靠谱。张光直1993年在《中国文物报》发表文章说:"我相信在中国考古学上要证明图腾的存在是很困难的。"

第三章 路径：远古纹饰解读的方法及现状

图 3.2 赵宝沟文化陶尊上的鹿、鸟、猪龙，被解释为多个部落联合的图腾物

巫术与神灵崇拜（自然崇拜、生殖崇拜）

1. 中国古代的巫与巫术行为

巫术是企图借助超自然的神秘力量对某些人、事物施加影响或给予控制的一种人类行为，它通常存在于尚未开化的民族和比较原始的文化中。

中国古籍《山海经》里记载了大量与"巫"有关的人名、地名以及行为，如《大荒西经》说："大荒之中有山，名曰丰沮玉门，日月所入。有灵山，巫咸、巫即、巫盼、巫彭、巫姑、巫真、巫礼、巫抵、巫谢、巫罗，十巫从此升降，百药爰（yun）在……"《海内西经》又载："开明东有巫彭、巫抵、巫阳、巫履、巫凡、巫相……"

学术界一般认为古代尤其是夏商以前，原始部落或者族群的首领大多是巫，也是其中的高级知识分子。传说大禹走路的样子像是跛足，就是一种施行巫术的步法，古人称为"禹步"。现在农村里做丧事，还能见到跳丧的巫师班走禹步。

一些少数民族的巫术行为、以巫师为职业的人就更普遍。

但是，中国考古学家很少从巫术行为的角度去解释和理解远古纹饰。

2. 从巫术角度研究史前图像

河南濮阳西水坡遗址 45 号墓出土仰韶文化蚌塑龙虎（图 3.3）及另外两

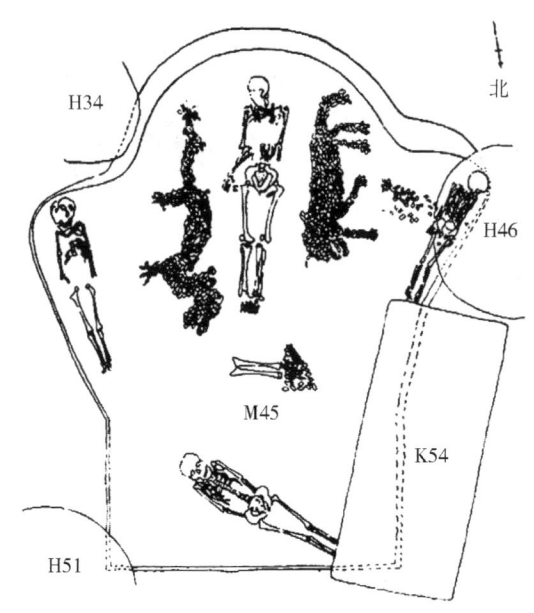

图 3.3　濮阳西水坡 45 号墓平面图

组蚌塑图像，主要动物包括龙、虎、鹿，年代距今 6500 年左右。很多学者对这三组蚌塑图像做了研究，大多数都认为动物图像是图腾祖先。

张光直认为西水坡蚌塑龙、虎、鹿是巫师的坐骑即"三蹻（jiǎo）"①，是协助巫师作法、升天的工具。这种认识得到一些学者的认同。

从萨满（巫师）角度研究史前图像的考古学家还有汤惠生以及现在美国从事研究工作的曲枫。

3. 生殖崇拜与自然崇拜

把大量的史前纹饰视为生殖崇拜现象也是纹饰释读中的一种倾向，其中尤以赵国华的《生殖崇拜文化论》较有影响。他把仰韶文化、马家窑文化中的鱼纹、蛙纹、植物花叶纹等均视为女性生殖器崇拜的象征，把其中的鸟纹视为男性生殖器崇拜的象征。

---

① 蹻的本义是举足，道教里借用为名词，有龙、虎、鹿三蹻之说，道士借助三蹻的脚力，可上天入地，与鬼神来往。

关于岩画的解释，生殖崇拜论也占据主流位置。

自然崇拜包括对日月星辰、天地万物的崇拜，原始人认为天地万物都有神灵，所以在他们的现实生活和精神世界中，神灵无处不在。那些动物图像、人兽结合的图像，可以说都有神灵的因素存在，但是纯粹的几何形纹饰，是否与神灵有关，尚需深入研究。

图 3.4 贺兰山岩画类人面像，被视为戴头盔的外星人

季节与天文历法

1. 天文考古学始于西方

从 20 世纪初开始，西方的考古学家和天文学家从各个不同的角度对英国著名的索尔兹伯里巨石阵进行研究，确认其与古代天文观测有关。这导致天文考古学的产生。

西方的天文考古学（或称考古天文学）主要关注遗址、墓葬与天文历法之间的关系，刻画纹饰方面的研究很少涉及。一个有影响的案例是美国史前考古学家亚历山大·马沙克对欧洲旧石器晚期骨片的研究。

马沙克采用红外照相和显微镜观察，对欧洲旧石器时代晚期的一批骨雕作品进行过长达 10 年的研究。他认为那些雕刻在骨片上的图案是一种具有季节含义的作品，是用来记录季节变换的符号，因确定礼仪日期的需要而创作。

马沙克的研究否定了在他之前存在的"图腾"观点。

2. 中国的天文考古学研究

著名考古学家夏鼐在 20 世纪 80 年代研究过大汶口文化、龙山文化玉璇玑[①]，认为它们并不是古人说的天文观测仪器。

[①] 璇、玑分别是北斗七星的星名，《尚书》称"在璇玑玉衡，以齐七政"，指北斗的作用非常大。古人也把一种形如玉璧玉环外有三个齿牙的玉器称为璇玑，曾经有学者认为它们是一种天文观测仪器，夏鼐研究认为，它们绝大多数都不能作为天文仪器使用。

1987年，著名学者陈久金和张近国对安徽含山出土玉版刻画纹饰的易学和天文历法内涵进行解读，开中国史前刻画天文历法内涵研究之先河。

河南濮阳西水坡蚌塑龙、虎图在20世纪80年代后期发掘出土，著名历史学家李学勤首先将它们与古代二十八宿体系中的左青龙、右白虎东西二宫星象联系起来。后来冯时、陆思贤等继续从古代天文学的角度对西水坡三组蚌塑龙、虎、鹿图像进行了研究和解读。

冯时著有《中国天文考古学》《天文与人文》，陆思贤著有《神话考古》《天文考古通论》等，主要通过考古发掘出土的器物纹饰和遗迹来研究远古天文学，其中涉及大量史前纹饰的释读和理解，它们不仅是中国天文考古学的奠基性著作，对史前纹饰解读也带来很多关键性突破和认识。

美术学出身的蒋书庆教授著有《破译天书——远古彩陶花纹揭秘》，该书从分析纹饰的结构和来源入手，尤其是通过一件器物的纹饰在整体上的结构和数量关系分析去了解其文化内涵表达，发现它们都与表现季节和天文历法的知识、观念有关。

近年，有一批学者专注于揭示山西南部陶寺遗址的天文学内涵。

天文考古学在中国可以说方兴未艾。

本书作者的研究思路与方法

1. 本书作者的相关研究和认识

本书作者认为中国古代纹饰（新石器时代—秦汉），其主要文化内涵就是

第三章 路径：远古纹饰解读的方法及现状

与古代天文历法、阴阳五行、太极八卦①、河图洛书②有关的知识、观念和信仰。

这种认识也得到一些基本面的支持：

一是传说"伏羲画卦"天下文明，传说遥远的伏羲、神农、黄帝时代均有易学，帝尧、帝喾、颛顼（Zhuān xū）、少皋（gāo）、炎帝、黄帝③乃至伏羲时代均创制有历法；

二是与恩格斯的经典论断"必须研究自然科学各个部门和顺序的发展。首先是天文学，游牧民族和农业民族为了定季节，就已经绝对需要它"（《自然辩证法》）恰相吻合；

三是得到天文计算和天文年代学研究的支持（见中国科学院国家天文台研究员赵永恒的相关研究）。

2. 本书作者的研究思路和方法

运用中国传统的象意思维、象数思维方式以及数理表达方式，是本书作者释读史前器物纹饰的一个主要思路与方法，其来源和启示得之于绵阳出土西汉木胎漆盘纹饰的研究。

所谓"象意"即以形象、图像、物象表达（显示、象征或代表）意思，比如有男女二厕所并排在一起，不写文字而画上男女头像并加上箭头符号表

---

① 八卦指用阴爻（即断线--，代表阴）、阳爻（即连线—，代表阳）组成的八个符号☰、☱、☲、☳、☴、☵、☶、☷，分别读为乾、兑、离、震、巽、坎、艮、坤，每卦三爻分别代表天、地、人三才；三爻八卦两两相重就得到六爻的六十四卦，六十四卦是构成《周易》的根基。儒家解释《周易》的经书《易传》里说，八卦是由太极演化而来，分别代表天、泽、火、雷、风、水、山、地八种自然现象和物质，由八卦又生出万物或能够推演万物之间的关系。太极八卦也是古人建立的一个与阴阳五行密切相关的世界观模型，在古代应用广泛。考其源，八卦也出于历法，太极八卦即一年四时八节。因为历法具有预知性，八卦便越来越神化，最后成为可以"预测"万事万物的超级工具。

② 《易传·系辞》里说，河图洛书是伏羲画八卦的参考资料之一，《尚书》里记载周康王即位大典上陈列的传国宝器就有河图，但是历史文献中直到北宋才有刘牧传出河图洛书的具体样式，河图是由10个数（分别以圈、点形式表现的1~10）排列的数图，洛书是由9个数（分别以圈、点形式表现的1~9）排列的数图。河图的10个数之和为55，洛书的9个数之和为45，科学史家陈久金认为河图洛书的10个数就是十月太阳历1~10月的10个数，河图洛书反映的是十月太阳历的某些规律。

③ 伏羲、神农、炎帝、黄帝、少皋、颛顼、帝喾、尧、舜，皆为传说中远古时代的帝王名，年代依次从早到晚。

示,或者直接在门上画男女头像或者画烟斗与高跟鞋,人们都能区分出男女厕所。中国文字就是象意文字。

"象数"即以形象配合数量表达意思,比如幼儿园的小孩子,做了五件好事,老师在教室后面的专栏上给他画五个小五角星"☆",做了三件不好的事,老师又给他打上三个"×",或者用五只小白兔和三只小老鼠表示,有形象有数字关系,情况一清二楚。

"数理"即以数明理,比如"三十六计"、"二十八宿"、"建安七子"等等,有数有理,用数来概括事物、道理。

象意、象数、数理这种思维和表达方式,我们至今仍在使用,而且也会一直使用下去。

3. 本书作者关于古代纹饰的观点

本书作者认为,由于有一批最基本的纹饰、图像或符号,从新石器时代一直到秦汉时期,它们的形象、含义没有大的变化。通过这批纹饰、图像或符号,史前纹饰的大部分都可以得到正确的解读。

这批纹饰和符号包括:①阴阳交午图形(符号)×、⊠、⋈及其变形纹样;②火纹及其变形纹饰;③八角星纹及其变形;④S纹(或反S纹)、旋纹、涡纹(蟠蜷纹、螺旋纹);⑤斗形纹;⑥"并封"图像。主要是这六种(类)。

它们可称为中国远古文化、远古纹饰的密码,也是夏商周-秦汉时期纹饰解读的一组密码。本章将介绍前面五种纹饰或符号,"并封"类图像将在《中国上古纹饰初读》(夏商周—秦汉)一书中给予介绍。

作者还认为:在无文字的远古时代,纹饰替代了文字的部分功能;在夏商周、春秋战国时期,纹饰与文字并行;秦汉以后纹饰才转型、演变为主要是美术性质的存在。

第三章 路径：远古纹饰解读的方法及现状

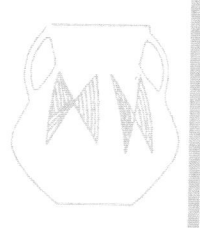

远古文化密码：
阴阳交午图形
与符号

立杆测影

《淮南子·天文训》说："日冬至，日出东南维，入西南维。至春秋分，日出东中，入西中。夏至，出东北维，入西北维。"这说的是古人观测到的太阳东升西落的规律。

古人观测太阳运动，最简单最实用的就是立一根杆子：冬至前后太阳从东南方升起，立杆的投影指向西北方，而当太阳从西南方落下前，立杆的投影则指向东北方；夏至前后，太阳东升西落之际立杆的投影则分别指向西南方和东南方。连接冬、夏二至太阳在地平上的投影，就得到一个叉形"×"；在一年中除了春分、秋分日，或者在同一天的不同时辰，这个叉形的夹角是不一样的。所以立杆测影可以得到（观察到）任意夹角的叉形。

图3.5 洛阳金村出土秦汉日晷

古代纹饰中的叉形"×"往往是立杆测影的标志性符号。古代天文观测仪器日晷、圭表就是立杆测影所用。

什么是"阴阳交午"

立杆测影时,每天正午时分太阳通过立杆的投影在正南北方向上,同时影子也最短——这个现象就是"交午",正午之前为上午,正午之后为下午,现在用12点表示正午。同样,在一年中的春分、秋分日,太阳从正东西方向升起落下,其通过立杆的投影在正东西方向上(理论上如此,或者用赤道日晷①)——这是一年中白昼与黑夜时间相等的两天,也是一年中时间和天气向冬向夏的分界点(故以春分、秋分命名),可以视为一年中的"交午"。

古人通过立杆测影认识东南西北、春夏秋冬、年周期以及一天的阴阳变化,由此建立他们的时空观、宇宙观,所以"阴阳"、"阴阳交午"在早期是一种朴素的科学,对于古代人而言,无疑是一种伟大而实用的真理。

许慎《说文解字》说:"五,五行也,从二,阴阳在天地间交午也"。有人认为许慎乱解古文字,把"五"跟阴阳五行拉扯在一起。实际上许慎这个解说是科学的,深得中国古代文化精髓。"五行"在早期指的是十月太阳历②的五时、五季。所谓"阴阳在天地间交午",是立杆测影活动,太阳通过立杆在天空中、地平面都要形成叉形"×"影子,都有个"交午"时刻。这反映了古人所能够观测到的天地、宇宙的根本规律。

甲骨文数"五"作 ⧖、⊠ 以及×,即根源于阴阳交午。古人通过立杆测影认识东西南北中五个方位,"阴阳交午"在一天、一年的立杆测影和时间划分中都居中,立杆测影所得日影线"×"刚好可以反映东西南北中五个方位(或四正四隅中九个方位),所以数之中(一至九)"五"用符号"×"代表天经地义。围绕春秋二分日或者一天的正午,

---

① 立杆测影早期可以用人体、土堆堆或者一根杆子,后来产生了日晷。以立杆为圆心画出圆形的晷影盘以测量日影,外围四方形水槽蓄水以检验和保持立杆与地平面的垂直关系,这称为地平式日晷。晷面与地球赤道面平行的日晷称为赤道式日晷。

② 十月太阳历是根据立杆测影观测太阳的运动规律而制订的历法,它将一年分为冬夏两个半年和五季十月(每季公母两月),每月三十六天,余五至六天为过年日。十月太阳历的结构即阴阳五行十月,近现代彝族等少数民族还在使用这种历法。

第三章 路径：远古纹饰解读的方法及现状

> 在两个处于相互对称位置的时间点上，太阳通过立杆顶点在空中及地面的投影连线或连接日出日落方位点，可以得到各种不同夹角的阴阳交午图形⊠、⊠——在古人的直观理解以及日晷上，大地都是平的、方形的。所以阴阳交午图形（符号）可以作×、⊠、⊠等形式，古代及史前刻画图案常见——这也是解读史前刻画图案、纹饰，理解中国古代文化尤其是史前文化最重要的一个密码。

借用于阴阳交午图形的文字符号数"五"⊠、⊠、×，不仅见于甲骨文，也广泛见于古代五铢钱。阴阳交午图形×、⊠、⊠及其变形不仅广泛见于新石器时代各考古学文化，在夏商周-秦汉以及秦汉以后的古代图案、少数民族图案中也常见。从新石器时代彭头山文化至今，这个符号的历史至少已达8000年，这是其他任何一个纯粹的文字都不可能有的历史。由于它的意思清楚明白，又常常与其他相关的图案、纹饰组合使用，因此它是解读史前刻画图案、纹饰，帮助我们深入了解和理解中国古代尤其是史前文化的一个利器、一把金钥匙。以下我们通过一些案例来说明（年代由远及近）。

目前所知年代最早的阴阳交午符号

根据考古发掘材料，目前所知年代最早的阴阳交午刻画符号见于湖南澧县彭头山遗址出土石棒饰，年代距今8200~7800年（图3.6）。

半坡鱼纹、人面鱼纹与阴阳交午

中国远古时代影响最大、给现代人感觉最神秘的纹饰之一半坡鱼纹及人面鱼纹，其秘密就在于表现阴阳交午：

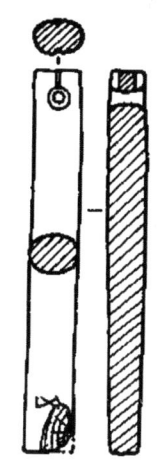

图3.6 彭头山棒形饰

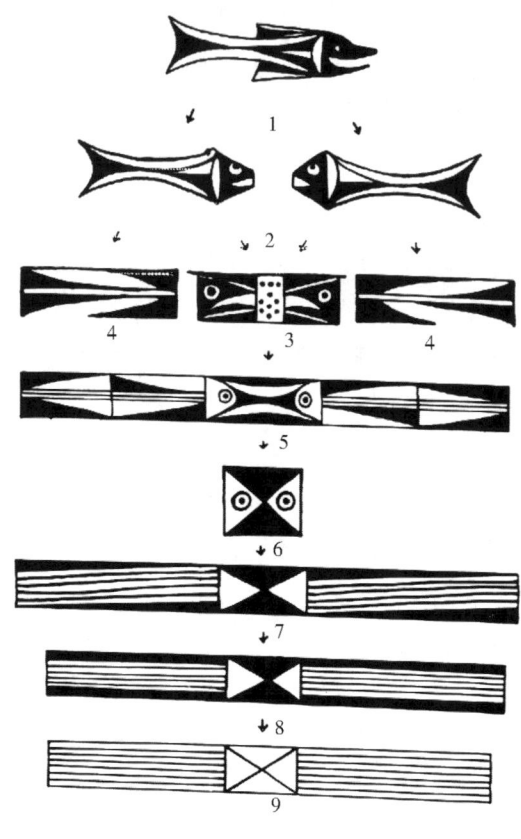

图 3.7 半坡类型鱼纹演变图

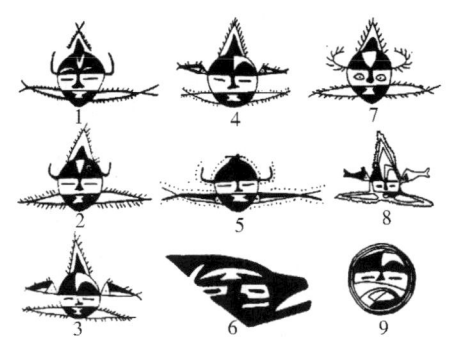

图 3.8 半坡类型人面鱼纹

半坡鱼纹早期是写实的，之后越来越抽象，其基本结构和图形都是反复表现"两个三角形尖角顶对"即阴阳交午图形⊠、⋈，或者是其变形（图 3.7）。阴阳交午是理解和释读半坡鱼纹文化内涵的密钥。

半坡人面鱼纹的口部几乎都画成一个阴阳交午符号的形状（图 3.8），这么奇怪的画法正是解开其神秘文化内涵的一把金钥匙。根据考古学家的研究，半坡人面鱼纹的人头像其演变趋势也是发展成为阴阳交午图式，说明人面鱼纹其核心文化内涵一定与阴阳交午有关。

半坡类型彩陶大量的"两个三角形尖角顶对"图形或者其变形，半坡类型的器座流行亚腰形（阴阳交午图形的变形）等，都是出于同样的文化背景和意思表达：强调立杆测影、阴阳交午的重要性和重要观念。

东部地区的阴阳交午图形及其变式

阴阳交午图形及其变式在东部地区史前文化中也常见。

1. 大汶口文化中的阴阳交午图形

安徽蒙城尉迟寺出土一件大汶口文化镂孔陶豆，豆柄部制作上下两排镂孔。镂孔的形状为两个三角形尖角顶对——中间断开，为阴阳交午图形的变形，呈二方连续方式排列一周（图3.9）。

山东邹县野店出土大汶口文化镂孔陶豆，在器身镂空制作阴阳交午图形——仍然是两个尖角顶对的三角形被从中间断开，其间又镂空制作一个个圆孔（图3.10）。因为阴阳交午图形源于立杆测影活动，所以那些圆形镂孔可以视为象征太阳。

图3.9　尉迟寺镂孔陶豆

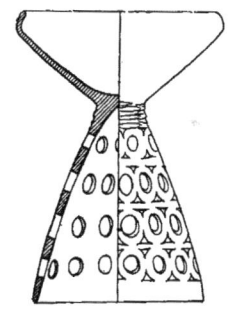

图3.10　野店出土钵形陶豆

大汶口遗址出土陶豆，其柄部制作圆形、三角形大镂孔，三角形两两尖角顶对，为阴阳交午图形的变形（图3.11）。大汶口遗址出土陶器座，形制为亚腰形，是阴阳交午图形的变形。有的陶器座还在上面另外制作阴阳交午图形，反复表现同一个文化主题（图3.12）。

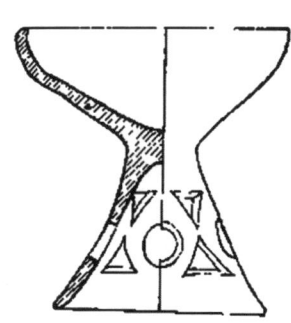
图3.11 大汶口文化镂孔陶豆

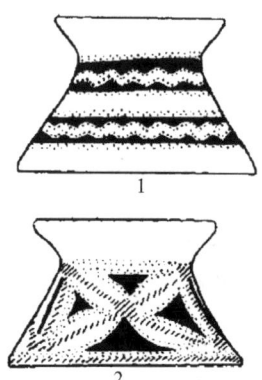
图3.12 大汶口文化陶器座

江苏新沂花厅墓地出土大汶口文化陶纺轮，其平整的一面特别制作了四个弧边三角形两两尖角顶对，构成十字交叉形，中间又是一个璧形纹饰（图3.13）。璧纹象天，与立杆测影阴阳交午图形配合相得益彰。

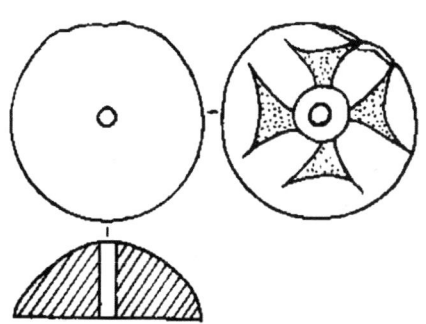
图3.13 花厅出土大汶口文化陶纺轮

2. 东南部地区史前文化中的阴阳交午图形

上海市青浦崧泽遗址上层出土硬陶豆，其柄部雕刻一个阴阳交午图形（图3.14）；浙江好川墓地出土陶豆，其足底内壁也独立刻画一个阴阳交午符号 ✖ （图3.15）。

第三章　路径：远古纹饰解读的方法及现状

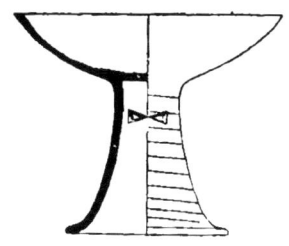

图 3.14　崧泽遗址出土硬陶豆

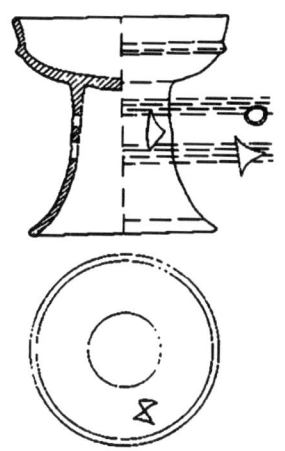

图 3.15　好川墓地出土陶豆

这种专门制作的单个阴阳交午图形，与陕南龙岗寺遗址出土半坡类型圜底陶钵上的绘画，以及彭头山文化出土 8000 年前石棒饰上的刻画，异曲同工。它们充分说明阴阳交午图形在新石器时代的普遍性存在，在当时人类思想和精神领域里的普遍认知和极其重要性。

浙江庙前遗址出土良渚文化一件陶簋（guī），靠近底部用双线纹刻画一周多个阴阳交午图形，其间点缀圆圈纹（图 3.16；彩图 26）。

图 3.16　庙前遗址出土陶簋

江苏昆山出土高祭台类型陶豆残片，其柄部在一层层的弦纹之上，明确刻画阴阳交午图形（图 3.17）。

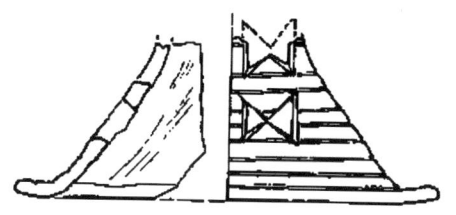

图 3.17　昆山出土高祭台类型陶豆残片

西部及其他地区的阴阳交午图形

甘青地区马家窑文化、长江中游大溪文化、屈家岭文化等新石器时代其他考古学文化都普遍用阴阳交午图形构画纹饰,不必赘述。

这里有必要介绍一件青海柳湾出土马家窑文化陶纺轮纹饰(图 3.18):陶纺轮圆面上刻画了 7 个阴阳交午图形,其间点缀了一

图 3.18 柳湾出土陶纺轮

些点纹。7 个阴阳交午图形中,有 5 个为⊠形,一个为×,另外一个很特殊,很不规范,似随意刻画,但构形意图、轮廓仍然看得出来,应该是阴阳交午图形,与其他几个一样。这个特殊的阴阳交午图形,中间认真明确地刻画出一条竖线。由于阴阳交午图形源自立杆测影,故此特殊阴阳交午图形的中线,应该象征测影用的立杆、圭表。

马家窑文化之后的齐家文化,流行双耳彩陶罐。那些双耳彩陶罐上,习见专门刻画制作的阴阳交午图形(图 3.19)——有些考古学者称为蝶形纹,把它们的文化内涵完全掩盖了。这些阴阳交午图形,画得整齐、美观、简洁,非常具有欣赏价值。

图 3.19 青海柳湾出土齐家文化双耳彩陶罐线图

远古文化密码：
照亮蒙昧时代
的火纹

心宿、大火星与火历

大火为星名，即东宫苍龙七宿（图3.20）中心宿（天蝎alpha，由三颗星组成）的第二颗星，又名商星。心即龙心，心宿二是一颗红巨星，呈红色，是一等星。由于心宿之大火在夜晚明亮通红，在古代尤其是史前，它是指示季节的重要星象，具有历法的功能和作用。

图 3.20　东宫苍龙图像

《诗经·国风·豳（bīn）风》："七月流火，九月授衣。"《左传·昭公三年》："火中寒暑乃退。"其中的"火"即指大火。

《左传·襄公九年》："陶唐氏之火正阏伯居商丘，祀大火，而火纪时焉。相土因之，故商主大火。"《国语·楚语》："颛顼受之，乃命南正重司天以属神，命火正黎司地以属民，使复旧常，无相侵渎，是谓绝地天通。"火正，即主管大火的官员。

为一颗星专门设置一个岗位和官职，可见这颗星之重要。"而火纪时焉"是说以大火纪时，即古代曾经使用火历。著名历史学家庞朴有多篇论文专门研究和论证中国古代的火历。

> 心宿和大火的重要,在古代和史前纹饰中亦有显著表现和反映,当然它们也是解读史前纹饰、深入了解和理解中国史前文化的另一个密码。

古代纹饰中的火纹指大火星

古代尤其是新石器时代晚期仰韶文化庙底沟类型、大汶口文化、良渚文化等器物纹饰中存在大量的火纹——类似于甲骨文的"火"字或者其变形纹饰。这种火纹表达什么意思?历史学家王震中、考古学家陆思贤等都做过研究,认为它们就是古代使用大火历的证据,是大火崇拜和火历的象征符号。

用火纹表示大火星、象征火历,最明白无误的资料是湖北随州市曾侯乙墓出土战国时期漆箱面板的绘画(图3.21)。其上画满了与古代天文学有关的图像,有青龙白虎、二十八宿围绕北斗图,有类似于甲骨文的"火"字——包括两个填实、一个仅仅勾边但里面加一个圆点的火纹。曾侯乙墓漆箱面板这种绘画,明确指示那种下面一个大的圆弧、上面两个较小圆弧相连形成三个尖角朝上的类似于甲骨文"火"字的纹饰,表现的是大火,而非其他。这为我们释读和理解史前刻画图案、符号尤其是与火纹相关者提供了一个坚实可靠的基础。

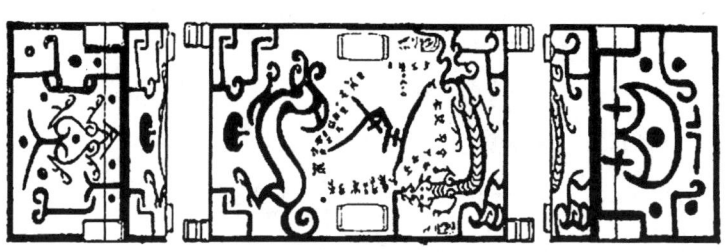

图3.21 曾侯乙墓漆箱面板绘画天文图

第三章 路径：远古纹饰解读的方法及现状

庙底沟类型鸟纹是心宿和大火星的物象

根据火纹象征大火或者心宿三星这个线索，我们可以认识到，仰韶文化庙底沟类型代表性纹饰之一——鸟纹其实是心宿三星的物象，就像古人分别用龙、虎形象来代替或者象征东西二宫星象一样。

以下根据考古学家王仁湘对庙底沟类型鸟纹发展、演变过程的排比（图 3.22）进行解读：

庙底沟类型早期阶段的鸟纹基本上是写实的，还看不出它们有什么象征意义，但是到后半段，它们的形状和象征意义就非常明显了。

第 6、7 两个鸟纹常被人们称为"三足乌"，认为象征太阳——这可能是一种由来已久的误会（《山海经》说"一日方至，

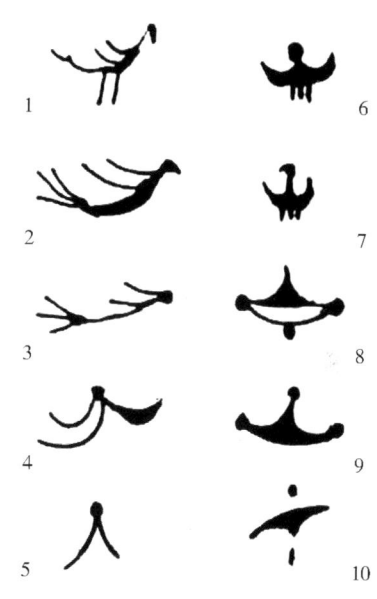

图 3.22　庙底沟类型鸟纹演变图

一日方出，皆载于乌"，郭璞注曰"中有三足乌"，说明这种误会至少在东晋时已经产生）。鸟和太阳有三足都很难讲通。

第 6、7 两个鸟纹都是火纹的形象——鸟头刻意突出，画得又圆又高，是强调大火的授时作用，而所谓"三足乌"的三足应是指示心宿有三颗星。

这种认识可由后面的两个鸟纹得到证实：

第 8 个鸟纹用一个弧边三角形表示，但在弧边三角底边两端及其中下方又各画一个圆点，并用弧形连接起来，这种画法明确无误地表示，鸟纹、弧边三角就是象征或表示三颗星；

第 9 个鸟纹同样是用一个弧边三角形表示，但弧边三角形的三个端点都画上一个圆点，而且其底边两端略微上翘，是常见的火纹的画法，故三角纹三个

— 95 —

圆点表示三颗星（心宿三星）也明确无误。

将第6、7、8、9四个鸟纹同时进行比较、分析，其意思表达清楚明白。

陕西华县柳子镇出土庙底沟类型彩陶瓮（图3.23），上半部在一道弦纹上绘数个鸟纹（也是弧边三角形），下半部在弦纹下绘鸟纹（弧边三角形）与火纹相间的纹饰。火纹寓意心宿三星，弧边三角形是鸟纹的抽象、变形，也是心宿三星的物象和意象化表达。该器纹饰佐证弧边三角形与鸟纹、心宿三星内涵同一。

图3.23　柳子镇出土彩陶瓮

马家窑文化鸟纹也是心宿和大火星的物象

马家窑文化鸟纹受到庙底沟类型的重要影响，它们的文化内涵应该大体一致。

王仁湘所排石岭下类型、马家窑类型鸟纹演变规律如下：

早期虽然较为抽象，但还看得出鸟形，后期却成了镶边的三角形，最后一个弧边三角形三个角上仍然各有一个圆点（图3.24）。鸟纹的这种演变趋势也明确指示：鸟纹、三角形、弧边三角形都是象征心宿三星。

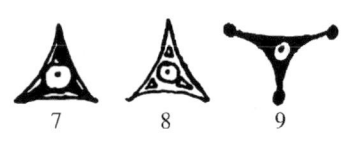

图3.24　马家窑文化鸟纹演变图

通过对庙底沟类型和马家窑文化鸟纹演变规律的分析、对比，可知彩陶纹饰中的鸟纹是心宿三星的物象。所以它们可以被画成三角形、弧边三角形、三足鸟。

第三章 路径：远古纹饰解读的方法及现状

大汶口文化与石家河文化中的火纹

大汶口文化出土器物上刻画有多种样式的火纹及与其他符号相组合的纹饰（可能受到大汶口文化的影响，良渚文化中也有个别的相同纹饰。图3.25），学者常常视为"日火"、"日火山"组成的文字，释为昌（chǎn）、。这种释读显然是把刻画符号最上面的圆纹理解为太阳。由于火纹的象征意义是明确的，它指的是大火或者心宿三星，因此将圆纹理解为太阳是有欠妥当的——大火星与太阳不存在这种相关性。

曾侯乙墓出土战国漆箱面板那个仅仅勾边的火纹，其里面添加那个圆点当然不能理解为太阳，而只能理解为表示心宿二即大火星。同样，大汶口文化这些火纹上面的圆圈纹也不能理解为太阳，而应该理解为大火星。

湖北房县七里河遗址出土石家河文化陶盆残片的内壁，刻画有两个相背的火纹，系陶器烧好后再刻（图3.26）。七里河出土陶片这两个相背的火纹，显然被用于表现阴阳观念。

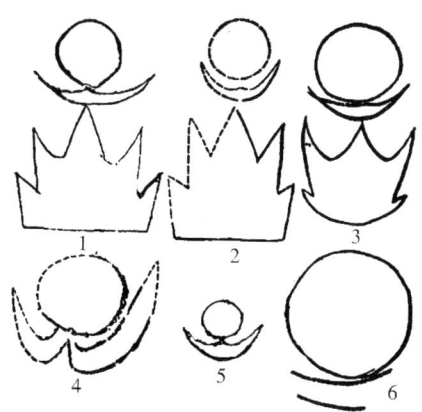

图3.25 大汶口文化"日火山"陶符

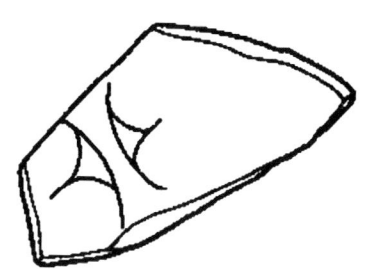

图3.26 七里河出土陶盆残片

距今七八千年前的火纹和大火星崇拜

根据目前的考古发掘材料可知,至少距今七八千年前在中国南北方都已出现明确可识的火纹。南方以河姆渡遗址第一期出土陶片上的火纹为代表,距今7000年;北方以甘肃天水西山坪遗址出土大地湾文化圜底钵内彩火纹为代表,距今7000多年。

河姆渡遗址出土陶片上的火纹绘画精心、细致:下半部的圆弧用双线纹画成,双线纹内填倾斜方向相反的成组平行斜线,互相之间构成正倒相间的三角形,与半坡类型圜底彩陶钵同类纹饰基本一致;上半部两个较小的圆弧也用双线纹画成,双线纹内都填满平行短线。与这个火纹相伴的还有反S纹、同心圆纹、叶形纹甚至双鸟纹朝拜叶形纹的组合纹饰(图3.27)。河姆渡文化这个火纹绘画如此精心、细致,并伴有其他多种纹饰,整体上很复杂,说明它受到古人的重视,对释读和理解其他纹饰也可能带来帮助。

西山坪圜底钵这个内彩火纹(图3.28),可能为理解早期彩陶圜底钵和三足钵宽带纹带来启发:火纹与圜底钵的关系吻合大火与北极天盖的关系,圜底钵可能象征北极天盖;如是,则早期彩陶的宽带纹可能象征日月星辰的运行轨道,可以比较合理地解释为什么早期彩陶流行宽带纹以及宽带纹这种简单的纹饰何以在彩陶上流行达2000年左右。

图3.27 河姆渡遗址第一期火纹陶片

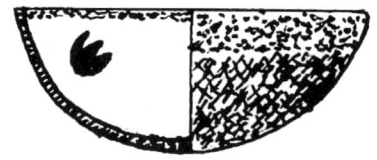

图3.28 大地湾文化圜底钵内彩火纹

据陆思贤《神话考古》，裴李岗文化出土陶片上也有火纹，大河村文化陶片上绘有三星相连的纹饰，陆先生释为大火崇拜的反映。可信至少七八千年前，对大火的崇拜在中国长江流域、黄河流域都是存在的。

远古文化密码：八角星纹、八卦与阴阳交午符号

八角星纹至少有七千年以上的历史

中国考古发掘材料中，有不少八角星纹图案，大约从 7000 年前至秦汉时期，这个传统一直没有中断（当然秦汉以后也有，只是我们没有系统地搜集资料）。

据目前的资料，仅仅是新石器时代，出土八角星纹图案的史前文化就包括：黄河流域的仰韶文化半坡类型及马家窑文化、大汶口文化，长江中游的皂市下层-汤家岗-大溪文化，长江下游的马家浜-崧泽-良渚文化，北方的小河沿文化等等。

湖南辰溪松溪口遗址第 7 层出土一件陶罐，"腹饰凤翼神徽，外底中心饰十字星纹，其外环绕着圆圈和连弧纹"。所谓"连弧纹"即八角星纹（图3.29）。松溪口遗址早期的年代可被推定为距今 7400~7100 年。遗址晚期的堆积距今约 7100~6600 年，又可被分为早晚两段。第 7 层为早晚段的分界线，距今 7000 年左右。

湖北皂市下层文化陶器底部也有八角星纹，年代距今 7000 年以前。

八角星纹在我国少数民族尤其是西南地区少数民族文化中，也是一种常见的图案。沿用这种纹样的少数民族包括彝族、苗族、土家族、羌族、白族、侗族、瑶族、傣族、景颇族、傈（lì）僳族等。

也就是说，八角星纹长达 7000 年以上的历史，大体上是延绵不断的。显然，读懂这种八角星纹无疑对我们了解中国古代文化、解读史前刻画图案意

义重大，八角星纹是我们理解中国古代文化和刻画纹饰的又一个重要密码。

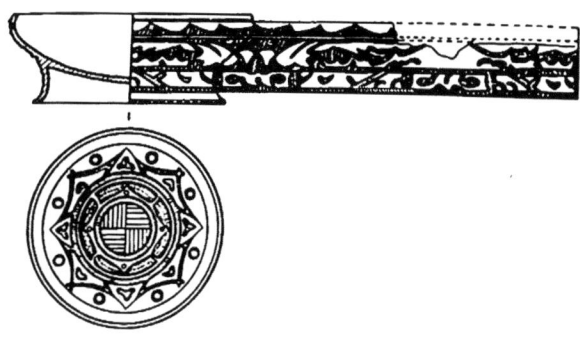

图 3.29　松溪口出土陶罐纹饰

两个阴阳交午图形垂直交叉构成八角星纹

八角星纹的造型、结构或画法，大体上可归结为两种：

一种是用两个阴阳交午图形（或其变形）呈垂直交叉方式呈现，其八个尖角两两一组指向四个正方位；另一种是八个尖角均匀分布在一个圆周上或者构成一个圆形图式，其八个尖角指向四正四隅八个方位。前者如彝族挑花围腰上的八角星纹，后者如彝族火葬墓墓标八角星纹（图 3.30）。无论在史前还是历史时期，或者少数民族图案中，前一种八角星纹都占绝大多数，后一种八角星纹只是少数或者个别。

因此，八角星纹的秘密很可能隐藏在前一种形式当中。

我国东南部新石器时代马家浜文化、崧泽文化、良渚文化出土的八角星纹都属于前一种结构，而且它们具

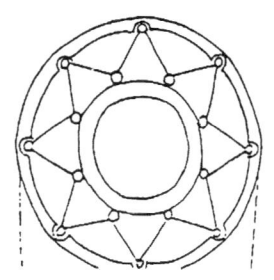

图 3.30　彝族挑花围腰与火葬墓墓标
八角星纹

有文化上的延续性，有利于帮助认识八角星纹的结构、画法及其文化内涵。

良渚文化鱼篓形陶罐上的八角星纹是直接用两个阴阳交午图形垂直交叉而成（图3.31）；崧泽文化、马家浜文化和安徽凌家滩遗址出土陶纺轮上的八角星纹是两个阴阳交午图形的变形纹样（半坡类型和大汶口文化亚腰形器座的模样）垂直交叉而成。

阴阳交午图形源于立杆测影活动，因此判断八角星纹的文化内涵可能与古天文观测、古天文历法有关。

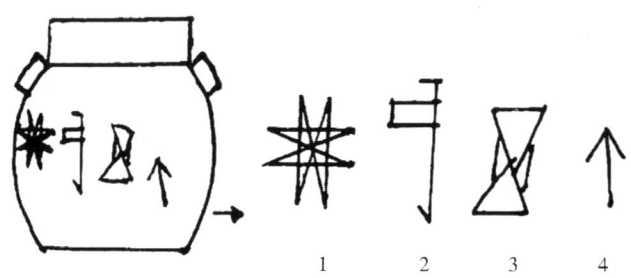

图3.31　良渚文化鱼篓形陶罐上的刻画及八角星纹

八角星纹是八卦的图案化表示

1987年，安徽含山凌家滩遗址出土刻有八角星纹的玉版（图3.32）及包裹玉版的玉龟甲。著名科学史家陈久金与考古学家张敬国研究认为，玉版中心的八角星纹就是原八卦图形，而且八卦在早期就是历法，玉版周缘的钻孔也与河图洛书有关。

这件文物的出土和释读可谓石破天惊，因为八卦图、河图洛书这些神

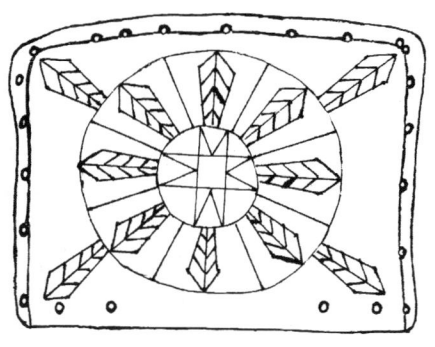

图3.32　安徽含山出土玉版刻画图案

第三章 路径：远古纹饰解读的方法及现状

秘的东西只见于先秦文献，用图画的方式表现是在唐宋时期的文物和书籍中才看到。

后来有不少学者都研究过凌家滩出土这件玉版及其刻画。

本书作者在1999年初次见到这件玉版的彩图，发现中心八角星纹外指向四面八方的八个圭形箭标，每个均被中线一分为二然后刻画成具有对称关系的八小块，这与《易经》①里面说的八卦生六十四卦的方式完全吻合。之后研究其他刻画纹饰及钻孔，也都与古天文历法和易学相关。

关于八卦的起源，本来有两种最主要的观点和认识：一是认为起源于商周占卜，一是认为起源于远古天文历法，八卦就是历法，早期的八卦就是表现八节的符号。两种认识一直都没有过硬的证据，所以八卦起源问题长期得不到解决。含山出土玉版及其解读无疑为后一种认识提供了一定程度的佐证。

八角星纹就是八卦的图案化表示，在少数民族相关材料中有更明确的信息和证据。

在彝族文化中，八角星纹就是八卦的图像表达式，彝语"八卦"即八角。而僮族传统纹样中八角星纹的外围正画着八卦符号（图3.33），暗示了二者内涵同一或紧密相关。

甘肃镇原民间剪纸图案，其中心为明确的阴阳两仪太极图，四角为四朵花寓意四方八位、四时八节（图3.34）。在中心太极图与四角花朵间有五层纹饰：自内至外第一层为四隅镂空半圆形夹四组实体半圆形，每组七个合计28数寓意二十八宿；第二、四层均为锯齿纹，象征日月星辰之光芒；第三层为八角星纹寓意八卦八节，其结构为三重镂空式，计其数24寓意一年二十四节气；第五层四隅镂空半圆形夹四组实体半圆形每组13个合计52数，表示一年有五十二个七日，为月相周期，同时"13"也是太阴历一年的月数。

---

① 《易经》是儒家经书"六经"之一，也被视为群经之首，它包括《周易》本经和《易传》两部分。《周易》是周文王、周公所著周代易学，包括六十四卦的排序及每卦的卦辞、每爻的爻辞；《易传》是以孔子为代表的儒家对《周易》的解说，共7种10篇，包括《彖辞》上下篇、《象辞》上下篇、《文言》、《系辞》上下篇、《说卦传》、《序卦传》和《杂卦传》，又统称"十翼"。

图 3.33　僮族传统纹样八角星纹

图 3.34　甘肃民间剪纸纹样

镇原这个民间剪纸构思巧妙、文化内涵丰富，是八角星纹寓意八卦并与天文历法相关的又一民俗学证据。

八角星纹的价值和意义

查明八角星纹就是八卦的图像化表达方式，对中国古代文化研究和史前纹饰解读无疑具有重大意义，对探索八卦和易学的起源、演变历程等也将事半功倍。

由于八角星纹涉及新石器时代晚期几乎所有主要的考古学文化，又与阴阳交午符号、天文历法、立杆测影密切相关，在帮助解读与之相关的史前纹饰方面，其意义可能与阴阳交午符号不相上下。

第三章 路径：远古纹饰解读的方法及现状

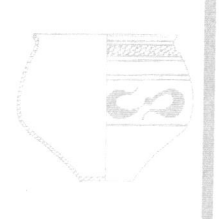

远古文化密码：
S 纹、旋纹、蟠蜷纹
与太极图

新石器时代的阴阳两仪图案是太极图吗？

新石器时代晚期主要分布于江汉平原的屈家岭文化、石家河文化出土一批陶纺轮绘画，因其类似阴阳两仪的太极图图像，曾有一些学者认为它们就是太极图。但是要论证它们确实是太极图是很困难的，因为其年代距今 5000 年左右。

根据春秋战国时期文献记载，当时已有"太极"一语。如《易传·系辞》说"易有太极，是生两仪，两仪生四象，四象生八卦……"，但是传世文献里很难见到太极图。

易学界长期认为，现传阴阳鱼太极图最早见于明代赵撝（huī）谦的文字学著作《六书本义》。当时不叫太极图，而叫"天地自然河图"（图 3.35）。

明代与远古屈家岭文化、石家河文化长达 4000 年以上的时间距离，中间没有文献记载，如何论证它们之间的关系？

老子太极图的破译及其重要意义

1. 老子太极图湮没两千年后得到破译

1999 年，本书作者破译了四川绵阳双

图 3.35 天地自然河图

包山出土西汉木胎漆盘上十分复杂的刻画图案、符号（图3.36），证明其设计制作十分严谨，文化内涵极其丰富，包含了老子太极图、八卦六十四卦生成序、河图洛书、十月太阳历、阴阳合历、二十八宿、干支与甲子①、节气、月相周期、大衍数②等几乎所有中国古代天文历法和易学的基本数理。

图3.36 绵阳双包山出土西汉木胎漆盘纹饰

所谓老子太极图，就是道家为纪念春秋战国时期伟大的哲学家老子而专门用两个耳朵形创作、构画的太极图——老子姓李，名耳，字聃。《说文》释聃：耳曼也。即老子不仅名叫"耳"，而且是有名的大耳朵。

相同或类似于绵阳出土西汉木胎漆盘底部双耳结构的阴阳两仪太极图广泛见于江淮流域楚文化圈的器物及纹饰；类似于绵阳木胎漆盘周缘的各种纹饰、符号也广泛见于江淮流域楚文化圈的器物及纹饰。

老子是楚国人，老子太极图主要流行于江淮流域楚文化圈——绵阳双包山汉墓死者系楚国高级贵族的后裔，其祖先应自楚地迁徙而来。

---

① 干支即天干、地支，天干10个字甲、乙、丙、丁、戊、己、庚、辛、壬、癸称为"十天干"，地支12个字子、丑、寅、卯、辰、巳、午、未、申、酉、戌、亥叫作"十二地支"。十干和十二支依次相配，组成甲子、乙丑等六十个干支单位，民间俗称六十甲子。在古代，干支主要用于纪年月日时，也用于地理、风水、预测等。

② 大衍数即《易传·系辞》"大衍之数五十，其用四十有九"，与起卦和预测有关。

第三章 路径：远古纹饰解读的方法及现状

2. 绵阳木胎漆盘符号等揭示的文化秘密

绵阳木胎漆盘那些符号表达的文化内涵与江淮流域各省出土秦汉时期的双耳S形（或反S形）圆图，揭示出以下几个基本事实或文化秘密：

①宋、明之际各种易图的突然出现与道家易学、道教易学传出有关，北宋邵雍所传先天图、刘牧所传河图洛书、周敦颐所传太极图及明代赵㧑谦所传阴阳鱼太极图均源自道家、道教——南宋朱熹派蔡元定到四川西部购买易图，蔡元定从"蜀之隐者"手里得到阴阳鱼太极图"秘而不传"等传说，也都得到一定程度的证实。

②道家易、道教易源头在传说中的商代易学《归藏》①，而不是周代易学《周易》。《归藏》→道家易→道教易→宋、明易图，它们是有别于《周易》→《易传》→儒家易传承关系的另一易学传承系统，而且古易学的本根保存在道家系统，而不在儒家系统。

③由于汉武帝采纳了董仲舒的建议，"罢黜百家，独尊儒术"，致传承古易学正道的道家易转入地下，而将儒家伦理学说与孔子四处搜寻得到的支离破碎的易学知识结合在一起的儒家易学就成功变身为易学的主流——两千年来"百家说易"扑朔迷离的原因在于此，各种易图被迫辗转曲折直到宋代、明代流传出来，原因也在于此。

疏通了宋、明易图与道家易、《易传·系辞》所载河图洛书、太极及古代纹饰之间的关系，河图洛书、太极图、八卦图的历史就渐渐清晰。

3. 老子太极图的破译为太极图溯源带来契机

绵阳木胎漆盘及秦汉时期整个楚文化圈用两个耳形构画阴阳两仪太极图纪念老子，说明阴阳两仪太极图（太极图的本来面目是阴阳两仪互相追逐形式，"阴阳鱼"画鱼眼只是到宋、明时的一个发展演变）的历史应早于木胎漆盘和秦汉时期。

绵阳木胎漆盘等用S纹（或反S纹）、旋纹或蟠蜷纹（旋纹多绕两圈就成

---

① 中国古籍传说夏商周三代的易学分别是《连山》《归藏》《周易》，简称"三易"；又传说《连山》易为伏羲所创，神农时代还在用，《归藏》易为神农、黄帝时代的易学。现在学术界已经证明商代易学《归藏》是存在的。

了蟠蜷纹、螺旋纹）代替太极图、寓意"太极"，为我们释读先秦器物纹饰尤其是史前纹饰打开了一道大门。

原来夏商周-秦汉时期器物纹饰存在大量的 S 纹（或反 S 纹）、旋纹或蟠蜷纹，它们既有单独的存在，更常常与其他纹饰组合、结构在一起。夏商周之前的新石器时代，基本状况依然如此。

纹饰犹如一个文化通道，从新石器时代至秦汉一脉相承；秦汉是我们熟悉的，是一个可靠的基础，由秦汉而上直达新石器时代中晚期，中国文化的脉络、源流就可以基本清晰。

本节主要介绍一部分新石器时代 S 纹（或反 S 纹）、旋纹形式的太极图表达与图式。

史前刻画图案和符号中的太极图式

1. 仰韶文化中的旋纹与 S 纹

新石器时代传播范围最广、影响最大的旋纹就是庙底沟类型的彩陶旋纹，其形式有单旋、双旋、叠旋、杂旋、混旋等等（图 3.37-38）。其影响东至大河村类型与大汶口文化、北上西辽河流域红山文化、西达甘青地区马家窑文化、南及长江流域大溪文化与屈家岭文化。

所谓旋纹，当即古人所绘太极图的简式，也可视为太极图的手写体。单旋为太极图阴阳两仪中一仪的简写，以代替太极图；双旋纹是阴阳两仪互抱的太极图式，是略为变形的太极图。它们都应该是古人对太极图极其熟悉、熟练掌握应用与绘画情况下的产物，而不是萌芽状态。

经由旋纹的认读，自然会给整个彩陶纹饰的释读带来转机和启示。

郑州大河村遗址第三期、第四期文化遗存晚于庙底沟类型与大河村类型，属仰韶文化秦王寨类型，年代距今 5500~5000 年。

第三期、第四期的彩陶罐上都有单个的 S 纹，风格十分夸张潦草，但又是刻意所为；第三期彩陶罐上还有 S 纹与弧边三角形、✕纹在一起的组合（图 3.39）。S 纹是太极图的简化；弧边三角形是火纹、鸟纹的变形，象征心宿三星；✕纹即阴阳交午符号×的变形，相当于现在汉字的手写体。这三个符号都是解读史前纹饰的重要密码。

有些S纹的中间位置加一个圆点纹，象征日月星辰。

图3.37 庙底沟类型彩陶单旋纹　　　图3.38 庙底沟类型彩陶双旋纹

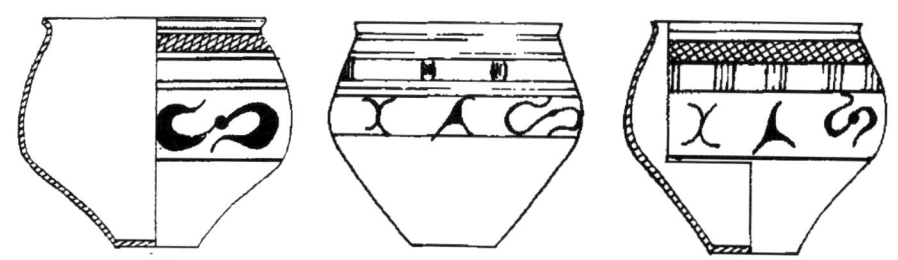

图3.39 郑州大河村遗址第三期出土彩陶罐

2. 大汶口文化中的S纹或反S纹

山东宁阳县大汶口遗址出土镂雕象牙梳，上面镂空雕刻十分严谨又复杂的图案、纹饰（图3.40；彩图28）。其主体是用15个三画线纹结构的"8"形和S形图案。

由于绵阳出土西汉木胎漆盘纹饰的释读及夏商周-秦汉时期 S 形纹饰为太极图的简化形式得以确认，大汶口镂雕象牙梳上的 S 形表达太极图内涵也能够得到证明。象牙梳复杂的雕刻图案、纹饰也能够得到合理解读。

大汶口文化除这件镂雕象牙梳明确用 S 形表达太极图内涵，以及受到庙底沟类型影响用旋纹表现太极图外，也有直接用单个 S 纹构图的情形。

如大汶口遗址出土的一件陶钵，用一个个反 S 纹连接成绳索样，似乎挂在陶钵的腹部（图 3.41）。大汶口遗址出土另一件亚

图 3.40　大汶口镂雕象牙梳

腰形陶器座，在器座的腰部同样饰三周用反 S 纹作二方连续方式排列的纹样（图 3.42）。均说明 S 纹是一个独立的纹饰，必有其自身的来源和独立的文化内涵。

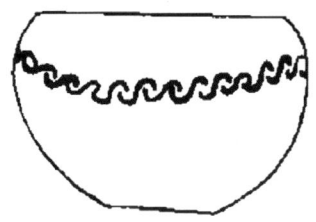

图 3.41　大汶口文化陶钵

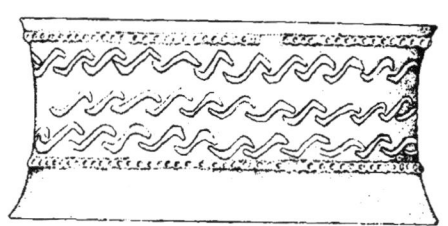

图 3.42　大汶口文化陶器座

第三章　路径：远古纹饰解读的方法及现状

3. 长江中游地区的太极图表现形式

长江中游除了江汉平原屈家岭文化、石家河文化陶纺轮上那些著名的阴阳两仪太极图，也有直接用S纹（或反S形）表现的图式。

大溪文化和汤家岗文化出土白陶盘内底，习见八角星纹外围一周S纹的组合图案。有的还在S纹的两个弯勾内加点（图3.43），应是明确和强调阴阳两仪的意思，类似于后世将阴阳两仪画成阴阳鱼并加鱼眼。八角星纹代表八卦，汤家岗文化白陶盘这种图案应该是目前所知年代最早的将太极、八卦内涵合为一体的典型，其年代距今6500年。

大溪文化彩陶也有阴阳两仪互抱的经典图式，陶纺轮上还见用两个反S纹垂直交叉形成四分圆式太极图（图3.44）——这种表达方式也见于屈家岭文化陶纺轮以及马家窑文化纹饰等。

图3.43　大溪文化陶盘纹饰

图3.44　大溪文化戳印纹饰

（左：彩陶片；右：陶纺轮）

4. 马家窑文化的太极图表现形式

甘青地区马家窑文化彩陶太极图的表现形式丰富多彩（图3.45-48）。

最常见的是用两个鸟纹头顶头构成S形（或反S形）纹饰。这种形式似乎一举两得，既表达了太极图内涵，又表现了对鸟的崇拜。同时这种鸟纹的身体一般是画成三条弧线的形式，表示它是象征心宿三星。这种构图的精妙之处还在于，太极图、大火二者都反映一年的阴阳冷暖关系，其内在的一致

图 3.45-48　马家窑文化彩陶表现太极图的形式

与和谐得到完美体现。

此外，马家窑文化表现太极图的形式有：经典的阴阳两仪互抱方式、用 S 纹（或反 S 纹）作二方连续排列的方式、S 纹与蟠蜷纹结合的方式，等等。

宁夏海原菜园村寨子梁墓地出土小口瓮，肩部堆塑一周条纹，其下再堆塑四个反 S 纹，等距离分布肩部一周（图 3.49）。这也是 S 纹（或反 S 纹）独立存在、有自身来源与独立文化内涵的考古材料。

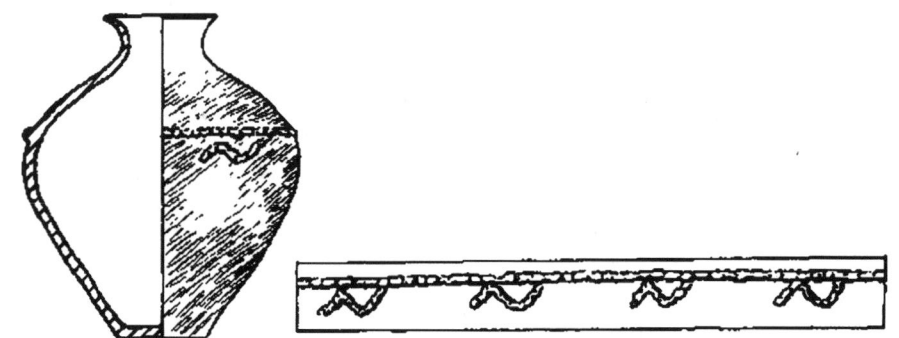

图 3.49　宁夏菜园寨子梁墓地出土小口瓮 ZM1：1 及其纹饰展开图

用 S 纹表现阴阳关系至少有七八千年的历史

根据目前的考古发掘材料，用 S 纹（或反 S 纹）表现的太极图形式在距今七八千年前已存在于中国南北方的原始文化中，用太极图、S 纹（或反 S 纹）表现阴阳关系应该已成为那时古人类的共识。

浙江河姆渡遗址第一期文化距今 7000 年，第一期陶纺轮上已见多条平行线勾勒的反 S 纹，四个互相勾连围绕陶纺轮中心穿孔形成一个菱形（图 3.50）——这种风格的纹饰是年代更晚的马家窑文化彩陶的一种标志性纹饰。一个在东南部，一个在西北地区；一个在 7000 年前，一个在 4000 多年前。二者并不存在传播关系。

图 3.50 河姆渡出土陶纺轮

它可能说明，由于 S 纹（或反 S 纹）的来源一致、其文化内涵确定，故绘画很容易产生雷同。

河北武安磁山遗址发现一处 7000 多年前的卵石堆砌 S 形遗迹，又有专门摆放的 45 处成组器物。由于其附近均未发现墓葬，而是位于村落居址中，考古学者认为它们是祭祀遗存。S 形与太极图有关，45 处成组器物其数合洛书数，太极图、河图洛书均是后世易学最基本的知识单元，S 形遗迹与 45 处成组器物难道是巧合？

类似磁山遗址的 S 形堆砌遗迹，也见于屈家岭文化。

湖北天门邓家湾遗址一个屈家岭文化灰坑，其边上由管形器、筒形器、乳钉管形器排列成一个明确的反 S 形（图 3.51）。反 S 形代表太极图，圆形灰坑则可象征日月星辰；将反 S 形置入圆形坑即典型的阴阳两仪太极图式，也是屈家岭文化不少陶纺轮上的图像。

令人惊奇的是，屈家岭文化这种图形也见于马家窑文化。甘肃东乡林家出土一件彩陶钵，其内底画一个圆圈纹与 S 纹紧紧靠在一起（图 3.52）。这个纹饰与邓家湾灰坑及多种陶器组合反 S 形图案，简直是殊途同归、"一致而百虑"（《易传·系辞》）——S 纹与反 S 纹都是太极图的符号表达方式。

磁山遗址的"S"形堆塑遗迹在黄河以北，年代在 7000 多年前；邓家湾的"S"形堆塑遗迹在江汉平原，年代在 4000 多年前。二者并没有传播关系。

而甘肃东乡林家的圆圈纹与 S 纹组合图形，与湖北天门邓家湾的圆形与"S"形组合图案，二者也不存在传播关系。

这些文化现象无疑也是 S 纹（或反 S 纹）其文化内涵明确、其来源一致，故绘画制作很容易产生雷同的佐证。

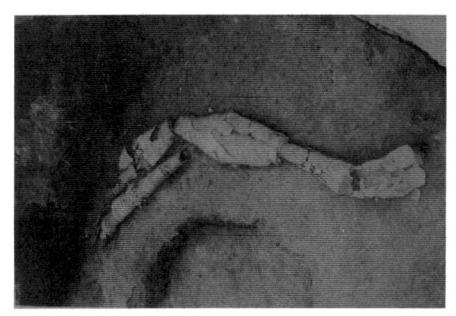
图 3.51　邓家湾灰坑 H59

图 3.52　马家窑文化彩陶纹饰

远古文化密码：斗形纹饰与北极、北斗崇拜

至高无上的天皇大帝——北斗与北极

子曰："为政以德，譬如北辰，居其所而众星共之"（《论语·为政》）。

意思是：孔子说，统治者治理国家如果能以极高的道德标准严格要求和约束自己，那么他就像北极星位居天的最高处天极一样，所有的星辰（臣民）都会围绕着它，听命于它。

在中国古人的宇宙观里，北极星具有至高无上的地位，被视为天皇大帝，是整个天空、宇宙的统治者。原因在于，在古人类视野所及的整个星空世界中，只有北极星位居天顶、衡居北极不动而能够为人的肉眼所辨识，帮助人间判断方向、方位。

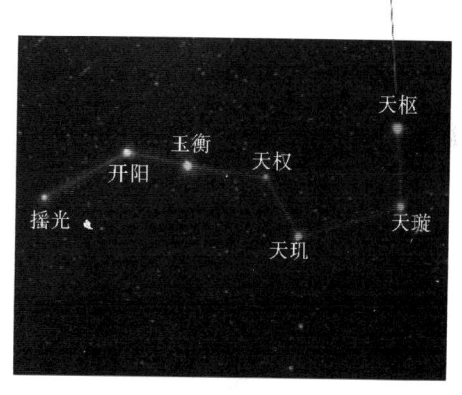

图3.53 北斗七星图

与此相关的是北斗七星的重要性，极星衡居北极只能指示北方，帮助判断东南西北四方、春夏秋冬四季还得靠北斗七星。在视觉中，北斗七星一年四季始终围绕极星转动。

北斗七星由大熊座的七颗明亮恒星组成（图3.53；彩图27）。它们在北方天顶排列成斗（或勺）形，因为容易辨识，在古代就成为指示方向、季节和认识星座的重要标志。

北斗七星由天枢、天璇、天玑、天权构成"斗魁",由玉衡、开阳和瑶光构成"斗杓"(即斗柄)。它们对方向、季节的指示主要是通过"斗杓"的指向来实现的。

先秦古籍《鹖冠子》云:"斗杓东指,天下皆春;斗杓南指,天下皆夏;斗杓西指,天下皆秋;斗杓北指,天下皆冬。"通过天枢、天璇两星连线,朝天枢方向延长5倍就可找到北极星,它们被称作"指极星"。

由于岁差原因,北极星并不总是固定的某颗星,比如距今6000年前北斗第六星开阳、第七星瑶光就充当过极星(冯时)。

《史记·天官书》云:"斗为帝车,运于中央,临制四乡。分阴阳,建四时,均五行,移节度,定诸纪,皆系于斗。"北斗七星是天皇大帝(极星)的座驾"宝马",阴阳、四时、五行、八节,都要靠它来分辨、指示;由于北斗本身会成为极星,所以它也有资格成为天空的最高统治者天皇大帝。

山东嘉祥武梁祠东汉石刻画像(图3.54)对此有十分生动形象的描写——天皇大帝坐在由斗魁四星构成的车斗里巡视天下,龙凤呈祥,侍臣们前呼后拥,好一番热闹繁忙景象!

图3.54 山东武梁祠东汉石刻画像

第三章　路径：远古纹饰解读的方法及现状

由于北斗七星和北极星对古代人类生产和生活的重要性，古代和史前纹饰理所当然会有所反映和表现。由于"北斗七星"有明确的形象和数量关系，它们自然成为我们识读和判断相关远古纹饰文化内涵的一个重要途径和标志。

最典型的材料来自大汶口文化；其次是良渚文化的斗形玉器与斗形刻画，也非常典型。

大汶口文化的北斗北极崇拜

大汶口文化有一批斗形陶刻符号，刻有斗柄和斗形图像并在其中刻有表示四星、五星或七星的圆圈纹（图3.55）。冯时先生说："这些图像不仅无例外地都与一个天盖形符号（或做成天盖的形状）组合在一起，而且在大汶口文化的斗魁图像之中，明确刻绘了四星或七星，更为有趣的是，我们甚至可以通过图像中七星最末一星的位置推测出刻于斗枘中的一星实际就是当时的极星，或者从一个新的角度讲，图像本身反映的应该就是斗柄指向前方的北斗形象。"

现在看莒县陵阳河出土陶尊刻符（图3.56），几乎浅显易懂：中间是刻着7个圆圈寓意北斗七星的斗形刻画，斗柄所指两排计12个圆圈纹无疑表示一年有十二个月，斗魁一侧另外两排计10个圆圈纹正合阴阳五行十月太阳历

图3.55　大汶口文化斗形陶符

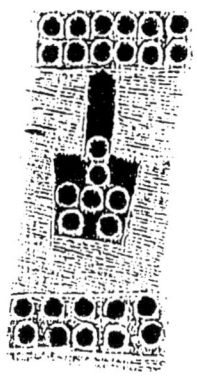

图3.56　陵阳河出土陶尊刻符

数理。

大汶口文化及山东龙山文化墓葬龟甲，其上常钻凿四孔呈四方形分布，它们当寓意斗魁四星，钻一孔者当寓意北极星（图3.57）。有一块龟甲在斗魁四星之外，靠边缘另钻12小孔排在一条线上但是分两组，它们正合一年十二个月且分为两个半年——这12个小孔的存在也佐证龟甲上那四个连线成斗形的四孔读为北斗星无误。

大汶口文化、山东龙山文化这些龟甲的钻孔与占卜无关——既无商周龟甲那种烧灼痕迹，其钻孔也与用于占卜的商周龟甲钻孔大不一样。同时这些材料也说明大汶口文化的古人以龟甲寓意天盖，这对我们理解新石器时代其他考古学文化的龟甲及其刻画当有启示和帮助。

比如河南舞阳贾湖遗址墓葬龟甲，其背甲常钻凿一小孔，应该是象征北极星。

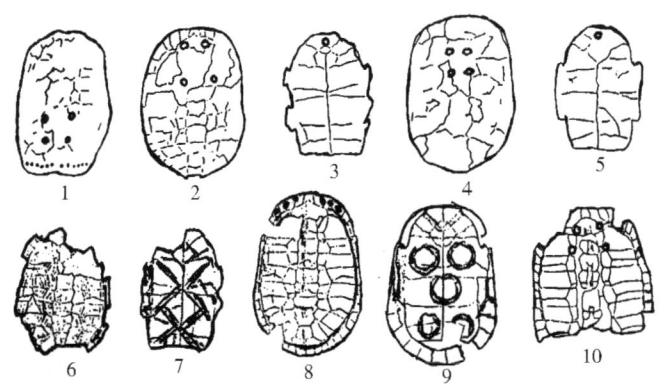

图3.57 大汶口文化、山东龙山文化出土龟甲及其钻孔（王育成）

良渚文化的斗形玉器与斗形刻画

良渚文化最重要的纹饰是玉器上那些人兽合体的神像，其完整图像包括头戴羽冠的神人及其胯下的动物图形（图3.58），简画图像则有仅仅刻画神人面或者动物面部的。它们是良渚文化的标志性纹饰，学者称之为"神徽"。

这种神徽最显著的特征之一，是神人的面部为方脸，呈斗形。很多学者都对良渚玉器"神徽"做过研究，他们都忽略了这个怪异的面部特征"斗形方脸"，或者没有给出合理的解释和论证。冯时对此给出了一个有说服力的解释和论证。

他认为良渚玉器神徽，其上部的斗形方脸与天盖图像（指羽冠外形）合为一体，应是形象化的斗魁，下面的怪

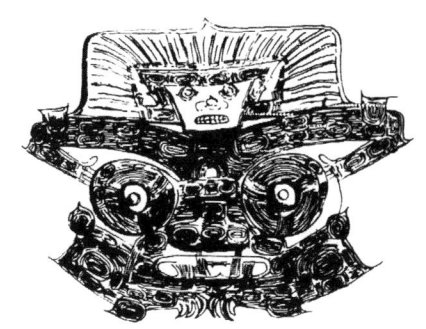

图3.58　良渚玉器"神徽"

兽，环眼圆睁，口中生出两对巨型獠牙，应是猪（野猪）的形象，而猪在先民眼里正是北斗的物象，因此良渚玉器上的神徽应是北斗崇拜的反映，可名之为"太一"神徽。

"太一"即北极星、天皇大帝的又一个别名。由于北斗在五六千年前充当了北极星的角色，它也具有"太一"神格。

结合冯时的认读，可以认为神人驾驭的神兽应是猪、鸟（围绕兽口的前肢有明显的鸟爪）的结合，猪是北斗的物象，鸟是心宿的物象。整个神徽的文化内涵可理解为：良渚人寄予他们信仰和崇拜的北斗大神能够完全控制住斗转星移与心宿的运行，保佑天下季节和时序的正常流转，达到风调雨顺、物茂人康。

良渚玉器上的其他神徽，从构图到文化内涵表达都与典型的神徽大同小异。

根据考古发掘可知，良渚玉器中有大量的玉冠状器，其数量和重要性都与玉琮不相上下。这种玉冠状器为斗形，顶部中央有尖角凸起，表示天盖；下端有楔并有穿孔，应为固定和插在其他物件上所用。冠状器上一般也雕刻神徽，也有不雕神徽的。这种玉冠状器的造型也是北斗崇拜的产物。

浙江余杭瑶山墓地出土玉冠状器，中央雕刻神徽寓意北斗神，两侧各刻一鸟纹，此鸟当寓意心宿而非"太阳鸟"（图3.59）。浙江余杭反山墓地出土玉冠状器，神徽图像为透雕，中央的北斗大神气势磅礴地展开双臂，两手握住两鸟龙的颈部，表示对鸟龙的控制（图3.60）。龙即东宫苍龙，鸟为心宿、为龙心，北斗牵制四宫星象二十八宿，具有统御、控制作用。

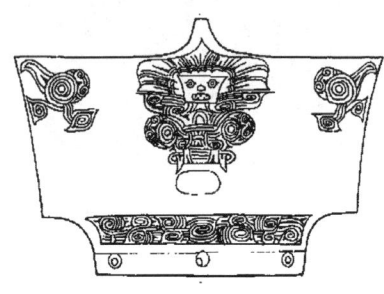 

图3.59　瑶山出土玉冠状器　　　　图3.60　反山出土玉冠状器

其他考古学文化中的北斗崇拜

由于北斗图像和符号的辨识，我们可以认识和理解其他一些相关的器物造型、图案和符号。

如湖南黔阳高庙出土陶罐颈部有阔口獠牙的兽纹，此兽纹叠压在两个重叠的斗形图案之上，可知此兽纹也当是7000多年前高庙古人想象和塑造的北斗神面（图3.61）。兽纹两侧有高层建筑纹样，可理解为原始天文台模型，或古人想象的登天之路——上有楼梯样纹饰。

云南出土一件新石器时代人头形石器，正面为人面，两只眼睛为圆圈纹，但是背面又刻画四个圆圈纹（图3.62），它们是什么意思呢？

类似的制作出现在内蒙古兴隆沟遗址出土人面形玉器上，玉人面钻凿了4个圆孔，三角形口中镶嵌一蚌饰（图3.63；彩图31）。这四个孔明显又在人面上，它们有什么特别的含义吗？

根据中国远古图像和纹饰表达的一般规律,我们推测云南和兴隆沟出土人头形器物上连线成矩形的四个圆圈纹或钻孔,可能是斗魁四星的意思,人头就是北斗的象征,是先民们塑造的北斗大神的形象。

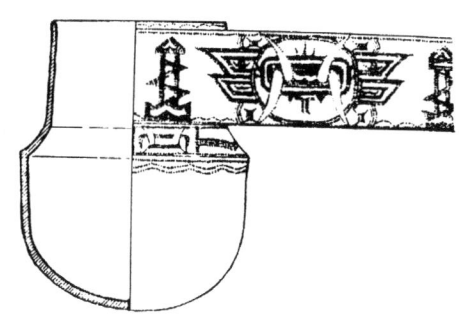

图 3.61　湖南黔阳高庙出土陶罐高层建筑及兽纹

 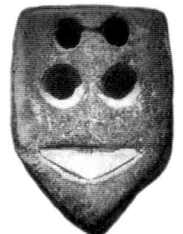

图 3.62　云南出土新石器时代　　　图 3.63　兴隆沟
　　　　人头形石器　　　　　　　　　　嵌蚌玉人面饰

河南舞阳贾湖遗址出土一块龟腹甲,上面用 7 个钻孔表现北斗四季星象,设计极其巧妙,堪称经典之作(参见第五章之《寻根:距今一万年～七千年间遗迹遗物的隐秘》),其年代为 8000 年前。

山西吉县柿子滩岩画中的"女巫禳星图",女巫脚踏连线成斗形的 7 颗星点,头上又是排列成一条线的 7 颗星点,反复说明图画的意思是对北斗七星的崇拜(参见第一章之《早期模样:纹饰、陶器纹饰与彩陶纹饰》)。其年代在 1 万年之前。

第四章
图语：中国远古纹饰的纪事性

日常生产与生活
日月星辰、自然万物都是远古纹饰表现的主题和范围
无论是有意还是无意
远古纹饰都记录了那些遥远年代的事物
尤其重要的是，它们记录了
人类早期的智慧与匠心
七八千年前，人类怎样画圆？
怎样等分圆形，在石头上钻孔并打磨成器？
数学知识与几何学操作
被纹饰和器物保留了证据……

图语一：
生产与生活日常器用

具有实用性的刻画纹路

有些纹饰是日常生产与生活用器物所需，它本身具有实用价值，而没有制作者寄寓的精神与文化的含义。这种纹饰的意思容易得知——只要知道器物的性质和功用，就知道纹饰是怎么一回事，有什么用处。如史前文化中常见的刻槽陶盆和陶匜上的刻槽纹路，就是这样（图4.1-3）。有些学者也把这种刻槽陶器称为澄滤器，说明那些刻槽纹路是起澄滤的作用——比如淘洗粮食、过滤泥沙之类，当然也可以用于研磨颜料、食品、调料，相当于现在的擂钵。

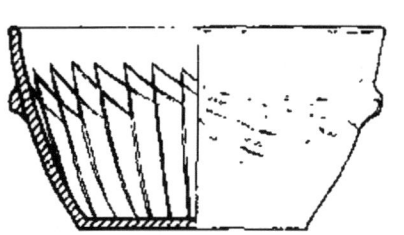
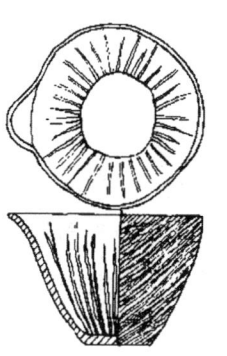
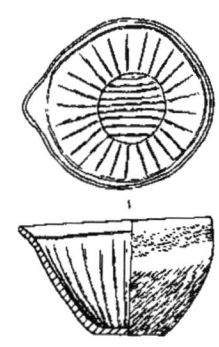

图4.1 山西古城东关出土庙底沟二期文化早期刻槽陶盆，内壁有一周横竖交错刻槽

图4.2-3 宁夏菜园瓦罐嘴墓地出土陶匜，内壁有放射状刻槽或对称而相背的刻槽

第四章 图语：中国远古纹饰的纪事性

河姆渡出土生产、生活类纹饰

河姆渡遗址第二期文化出土象牙盅（也有人称为盖帽形象牙器）上刻有蚕纹，同时还有编织纹路（图 4.4），说明五六千年前河姆渡人对蚕比较熟悉，可能已用蚕丝编织物品。因为该遗址还出土有同一时期的纺织工具，所以有学者认为当时已开始丝绸生产。

河姆渡遗址第一期文化出土陶钵，上面刻画盆栽植物纹，似乎是水稻（图 4.5）。因为河姆渡遗址出土大量稻谷遗存，可以继续推断盆栽植物应该是水稻（其间还有单独表现稻穗的纹样），可能当时存在这种种植方法。河姆渡第一期文化出土陶片上，还有蔬菜纹（图 4.6，似乎也为盆栽）、各种植物花叶纹。这些都是河姆渡人生产、生活中关系密切的事物。

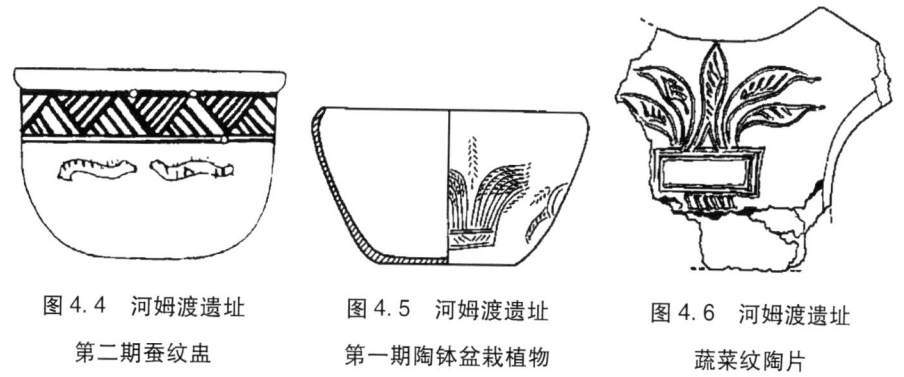

图 4.4　河姆渡遗址　　　图 4.5　河姆渡遗址　　　图 4.6　河姆渡遗址
第二期蚕纹盅　　　　　第一期陶钵盆栽植物　　　蔬菜纹陶片

新石器时代的人面图像或雕像

新石器时代的人面图像或雕像，可以让我们直观地了解到当时人们的一些面容、表情以及装饰。人类学家则可以根据它们研究相关文化的人种及其特点。

河姆渡遗址第三期出土的陶塑人头明显是一个长方形的头像，有着一张阔大的嘴、一个十分突出的额头，两眼深陷并向鼻脊倾斜（图4.7）；青海柳湾出土马家窑文化马厂类型彩陶壶上的人头像，五官都显得混沌、模糊，平顶，额际很少，小鼻子，双眼似乎在流泪（图4.8）。

 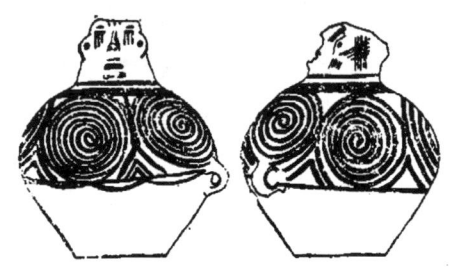

图4.7　河姆渡出土陶塑人头　　　　图4.8　青海柳湾出土人面像彩陶壶

大地湾遗址出土仰韶文化庙底沟类型"人头形器口彩陶瓶"（图4.9；彩图29），人头似乎表现一位少女的形象，面容小清新，蓄短发、刘海，略带忧郁的表情与空洞的双眼，似乎反映了生活的艰辛及对未来的茫然、不安；另一件仰韶文化庙底沟类型髻发红陶俑首，头上则高耸着发髻，两耳部向下耷拉着，像头发也像戴着耳套，看面相又像一个男性（图4.10；彩图30）。

安徽蚌埠双墩遗址出土一件陶塑人头，考古报告称其"眉弓突出，圆眼，蒜头鼻，小嘴微笑，椭圆形脸颊两侧各有五个戳刺点连成一斜线，额头中间有椭圆形的同心圆，为新石器时代'纹面、雕题①'的最早例证。右耳垂有穿孔，左耳残，头后部残缺"（图4.12）。

这个人头像额际明显画着装饰纹样，可能是一件装饰品的写实，也可能是纹面；脸颊两侧各有五个戳刺点，可能是纹面，也表明制作者对"五"数、"十"数的认识。

---

① 雕题，即在额上刻、刺纹路，题指额部。

有些人像也可能与祖先崇拜或宗教信仰有关，如辽宁建平牛河梁遗址出土红山文化陶塑女神像（图4.11；彩图32），双眼镶嵌青色玉片，被一些学者视为红山文化的女神、祖先、雷神甚至女娲图像。湖北天门肖家屋脊出土玉人（图4.13），神情肃穆，头戴亚腰形冠，冠上饰涡纹，双耳挂璧形物（应为玉璧），应该与宗教信仰或仪式有关。

图4.9　庙底沟类型彩陶瓶　　图4.10　庙底沟类型陶俑　　图4.11　红山文化陶塑

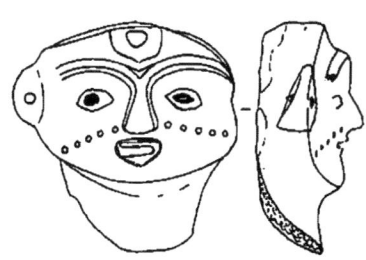 

图4.12　蚌埠双墩出土陶塑人头　　图4.13　天门肖家屋脊出土玉人

河北易县北福地遗址出土大量距今7000多年的陶刻面具，大多数的形制大小如人面，且边缘部位有可穿绳佩戴的穿孔（图4.14-16）。考古学家推测它们可能是可佩戴于人面的假面面具，一种原始宗教或巫术用品，在参加祭祀活动或巫师实施巫术时使用。

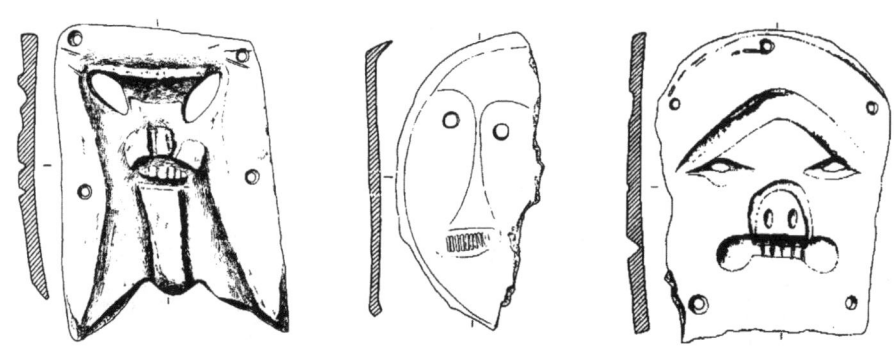

图 4.14-16　易县北福地遗址第一期出土陶刻面具

造型创意：器物上的鸟首形结构

陕西南部龙岗寺遗址出土一件半坡类型鸟首形器盖钮，鸟为"圆睛，长颈，尖喙，背部平坦，翅、尾已残"（图 4.17-18）。

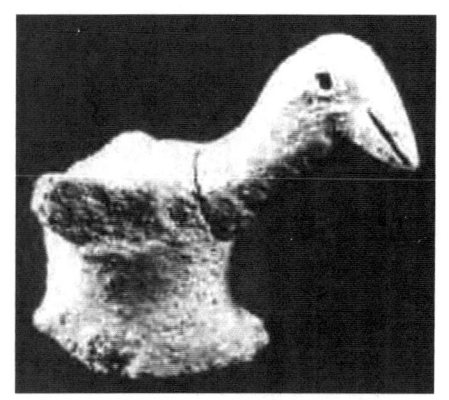

图 4.17　龙岗寺遗址出土器盖钮

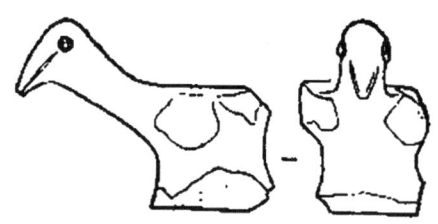

图 4.18　龙岗寺遗址出土器盖钮线图

半坡类型是没有鸟纹的，其后期有鱼鸟合体纹，因为庙底沟类型影响所

第四章　图语：中国远古纹饰的纪事性

致。半坡类型流行的是鱼纹，庙底沟类型才流行鸟纹，这是区分两类型的重要标志。而且根据研究，鱼纹、鸟纹有一个互相排斥、争斗最后达成融合的过程。

如果了解相关文化背景，这件鸟首形器盖钮背后可能隐藏着惊心动魄的故事和感情表达：鸟是代表和象征庙底沟类型崇拜物的，用鸟首作器盖钮，鸟的颈部刚好是人手握的地方，这是要致鸟于死地的动作。这件器物刚好又出现在与鸟崇拜为敌对势力的地方与时代，它可能不是那么偶然和单纯的一个器盖钮。

山东兖州西吴寺出土龙山文化陶鼎，直接将鼎的三足制作成鸟喙的形象，还加上双眼成为一个有夸张尖喙的鸟首（图4.19-20）。

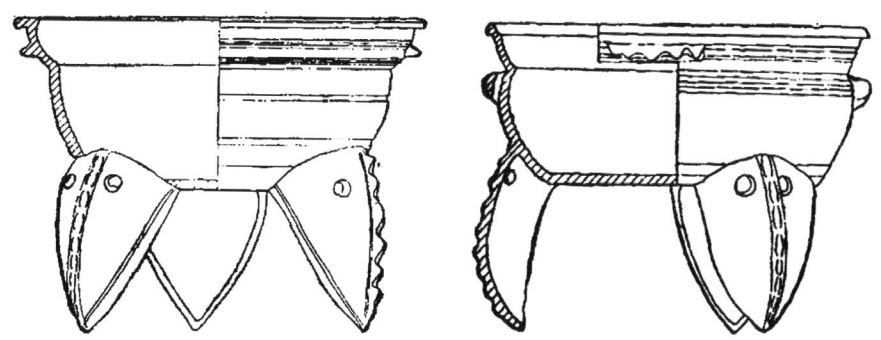

图4.19-20　山东兖州西吴寺出土龙山文化陶鼎

洪山庙出土的彩陶图案丰富多彩

河南汝州洪山庙遗址出土了许多仰韶文化时期的彩陶，这些彩陶展示的图案十分丰富，有人面纹、男根纹、人物纹、梳形纹，等等（图4.21）。

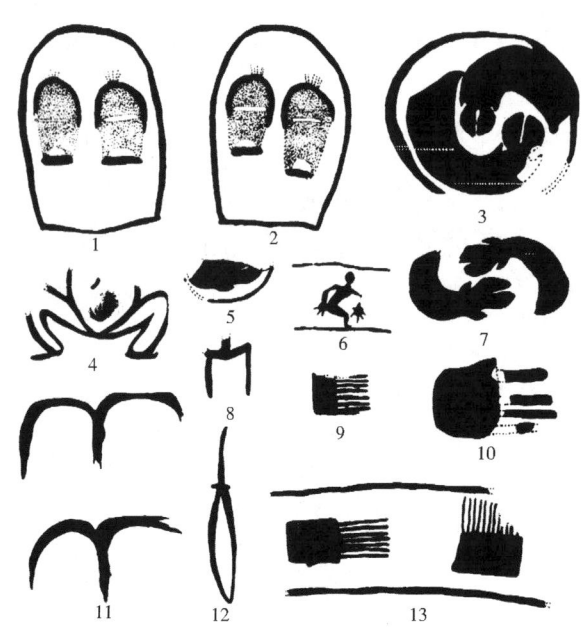

图 4.21　河南汝州洪山庙出土仰韶文化彩陶图案

1. 人面纹　2. 人面纹　3. 男根纹　4. 人物纹　5. 男根纹　6. 人物纹　7. 男根纹
8. "耒"形纹　9. 梳形纹　10. 人手纹　11. 羊角纹　12. 耙形纹　13. 梳形纹

第四章 图语：中国远古纹饰的纪事性

图语二：
日月星辰与
自然万物

史前纹饰与日月星辰

1. 太阳是常见的史前人类崇拜对象

虽然天文历法可能是史前纹饰最核心最主要的一个题材，但写实性的日月星辰图案、纹饰在总量上并不特别多。除了个别遗址，如郑州大河村的材料特别丰富，其他遗址不是很突出。形象直观、写实性的日月星辰图像或纹饰，大多数都能够看图识别。当然有些图案也可能与古人对自然力的崇拜和原始宗教有关，比如对太阳的绘画与认识。

一般在圆圈纹外画上一周放射性短线的图案，被认为是太阳纹，如著名的云南沧源岩画和青海柳湾出土马厂类型彩陶壶上的图案（图 4.22-23）。前者在太阳纹上还叠绘一个高大的人形，被研究者认为是"太阳神"；后者在陶

图 4.22　云南沧源岩画"太阳神"

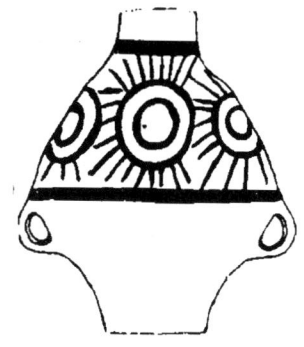

图 4.23　青海柳湾出土彩陶壶

壶的上半部绘画了多个太阳纹。

2. 大河村遗址出土的日月星辰图像

郑州大河村遗址是一处著名的古代文化遗址，仰韶文化大河村类型得名于此。

大河村遗址以出土新石器时代彩陶日月星辰纹著称，其与太阳有关的纹饰就包括太阳纹、曦光纹、日晕纹等（图4.24-25）。其中不止一件彩陶钵，其肩部的太阳纹为12个，围绕器口排列一周（图4.26）。就连十分保守的考古学家，也不得不认为它们应该与一年分为十二个月的历法有关。

图4.24 大河村遗址出土陶片太阳纹、曦光纹

图4.25-26 大河村第三期彩陶钵日晕纹、太阳纹

大河村出土这些太阳纹彩陶距今5000年左右，距离十二月历法最早的文献资料《夏小正》（传为夏朝历法资料，实际上也是两千多年前战国时期的文

献）也有两千多年。所以传说黄帝、伏羲时代制定历法，是有一定真实的历史背景的，不能视为无稽之谈。

大河村遗址出土器物和陶片上还有月亮纹、星辰纹以及花瓣纹、花蕾纹、网纹、鱼纹、昆虫纹、豆荚纹、舟形纹、莲蓬纹、木骨纹、树形纹、树叶纹等。当然这只是从外形上观察，有些纹饰应该寓含了更深的文化内涵或象征意义。

3. 贾湖遗址与河姆渡遗址的日月星辰纹

舞阳贾湖遗址出土8000年前陶罐上的太阳纹，可能是迄今出土年代最早的太阳图像（图4.27）。浙江萧山跨湖桥遗址出土彩陶片则有多件绘画太阳纹，有的只绘出小半太阳纹紧靠一直线，犹如东升西落过程中的太阳（图4.28）。跨湖桥彩陶片太阳纹的年代在7000多年前，与贾湖太阳纹属同一时代。

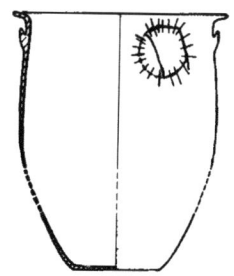

图4.27　贾湖陶罐　　　　图4.28　浙江萧山跨湖桥遗址出土太阳纹彩陶片

河姆渡遗址出土陶片上有一个堆塑的同心圆纹，为五个同心圆相套合（外附一周锥点纹）。同心圆纹的左上方有一个堆塑的两条弧线左右相背的纹饰（图4.29-30）。这两个纹饰都是堆塑出来的，而且在一起，两条弧线左右相背的纹饰似乎是对同心圆纹含义的注释和补充。

两条弧线左右相背，就是后来甲骨文的"八"字；因为河姆渡文化已存在十月太阳历（参见第五章之《长江下游：河姆渡文化等古人类的科学知识》），所以同心圆纹可理解为太阳，而且具有"五行"（十月太阳历的五季）意义。因此两个纹饰可合释为"五行八卦"——早期五行八卦都是指季节划分。

 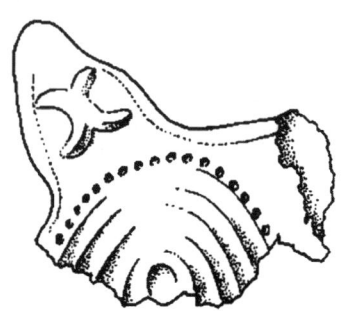

图 4.29-30　河姆渡遗址出土陶片纹饰

史前纹饰与自然万物

1. 蚌埠双墩遗址出土的刻画纹饰

安徽蚌埠双墩遗址是目前所知出土新石器时代刻画符号最多的遗址，多达 633 个，而且除了少数几个外，绝大多数都是刻画或压划在陶碗外底圈足内。

这些符号绝大多数是几何形的，一部分为象形类，有动物、植物、花瓣、房屋等多种类型，其年代距今 7300~7100 年。几何形符号中也有一部分属于反映自然现象的，如水波纹、日月星辰纹等。双墩刻画符号大多数比较复杂，其实应该视为纹饰、图案画。这里介绍一部分与自然万物相关的符号。

鱼形符号笔画简练，与半坡类型彩陶鱼纹风格迥异（图 4.31）。

植物图像有些像秦汉时期瓦当图案一样（图 4.32）——著名历史学家李学勤曾经将其他考古学文化的类似植物纹样释读为"封"字。

第四章　图语：中国远古纹饰的纪事性

图4.31　蚌埠双墩出土鱼形符号　　　　图4.32　蚌埠双墩出土植物形象

有些动物纹样明显被绳索捆绑或者被局限于支架中，可能表现动物被驯养的过程（图4.33）。

有些圆纹应该是表现日月星辰。与双墩遗存同类的安徽定远侯家寨遗址出土器物上也刻有太阳纹（图4.34）。

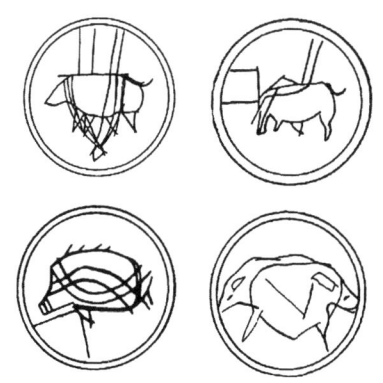 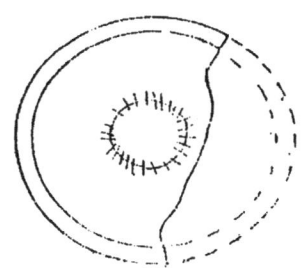

图4.33　蚌埠双墩出土驯养动物图像　　　图4.34　定远侯家寨出土太阳纹

2. 洪山庙遗址及其他考古学文化出土的动物纹

根据目前的考古发掘，新石器时代彩陶纹饰中表现自然万物形象较多的可能是河南汝州洪山庙出土仰韶文化彩陶图案。其中包含了太阳纹、月亮纹、蜥蜴纹、兽面纹、鸟尾纹、鱼纹、鸟与龟、鹿纹、龟纹等等（图4.35）。

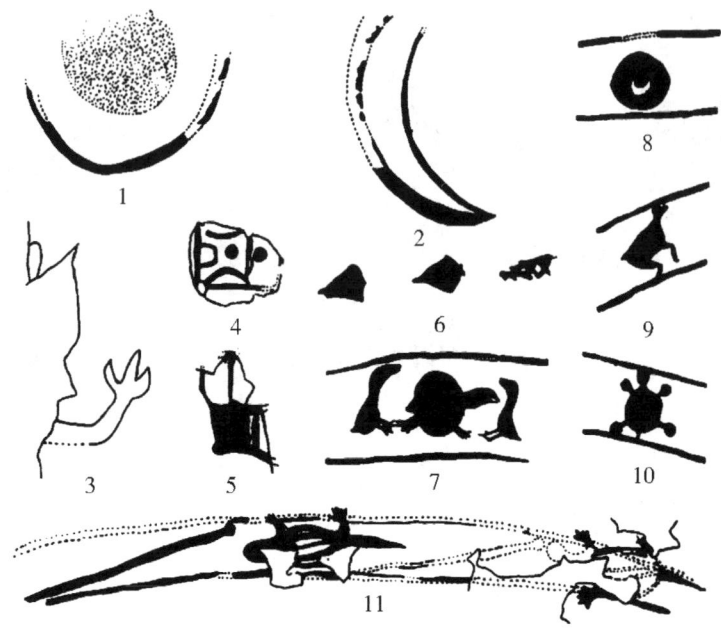

图 4.35 河南汝州洪山庙出土仰韶文化彩陶图案
1. 太阳纹　2. 月亮纹　3. 蜥蜴纹　4. 兽面纹　5. 鸟尾纹
6. 鱼纹　7. 鸟与龟　8. 太阳纹　9. 鹿纹　10. 龟纹　11. 蜥蜴纹

一般而言，彩陶上的动物纹样表达的意思常常不限于动物本身，如半坡类型鱼纹、庙底沟类型和马家窑文化的蛙纹、人面鲵鱼纹等（图 4.36-37），它们可能有更丰富的文化内涵和更深远的文化背景，与单纯表现自然现象的动物纹不同。

同样，玉器上的动物纹或雕塑与彩陶动物纹样差不多，也不仅仅是单纯的表现自然现象（图 4.38；彩图 34）。

但是像河姆渡遗址出土的巨兽形陶器（图 4.39），是否单纯表现自然界的某种动物，尚需研究。

第四章 图语： 中国远古纹饰的纪事性

图 4.36 马家窑文化彩陶盆蛙纹

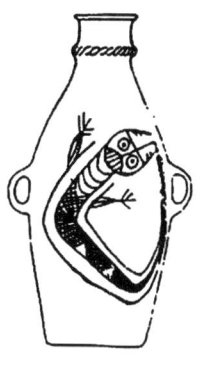

图 4.37 庙底沟类型和马家窑文化彩陶瓶人面鲵鱼纹

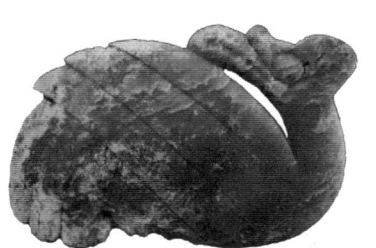

图 4.38 红山文化鸟形玉器

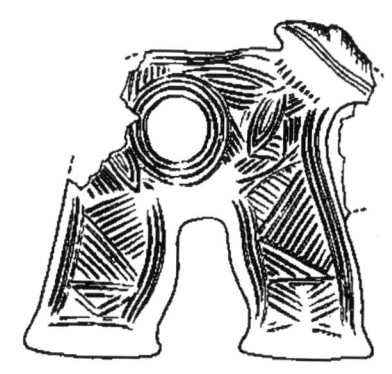

图 4.39 河姆渡遗址第一期巨兽形陶器

图语三：圆形圆满与钻孔技术

圆形是一个十分奇妙、具有秩序和美感特征的形状，它可以建立起中心、秩序、平等、独立、均衡、对称、圆满、循环往复等形象和概念。

在中国文化中，圆形常常代表和象征着完整、完美、圆满、团圆、美满。中国古代的宇宙观是"天圆地方"，为人处世的最佳状态是"外圆内方"。中国人最理想的人生追求是圆满、美满、团圆，无论个人还是家国、社会关系。

古代埃及人认为圆是神赐给人的神圣图形。

古希腊学者亚里士多德、欧多克斯、托勒密都以地球为宇宙的中心，建立起"地心说"宇宙观，后来哥白尼提出"日心说"，都是以宇宙是圆形的为基础。

中国古人比较谦虚，认为天是圆的，整个世界的中心在北极，那里是天神住的地方。

人类认识圆形的悠久历史

从文献上看，两千多年前春秋战国时的墨子（约前468~前376年）给圆下了一个定义：圆，一中同长也。意思是说：圆有一个圆心，圆心到圆周的长都相等。这个定义比古希腊数学家欧几里得（约前330~前275年）给圆下的定义要早100年。

对圆形的认识，应该是从人类有史以来就开始了，太阳以及满月的形象，是人类长年累月都要看到和观察的。

从考古发掘材料看，古人对圆的认识和利用远远早于文献记载，这个年代差距当以千年、万年计。在旧石器时代古人打制圆形的石球，距今18000

第四章　图语：中国远古纹饰的纪事性

年前山顶洞人在兽牙、砾石和石珠上的钻孔不少都很圆，虽然那时可能还没有使用类似圆规的方法制作圆形。

但是从新石器时代开始以来，古人制作陶器、陶环、纺轮、石环，都已生产、制作标准的圆形（图 4.40-48），他们无疑使用了圆规或类似圆规画圆的方法（以一直线形工具的一个端点为圆心，以其另一个端点为圆周画圆）。目前看，其起始年代至少是 8000 年前的贾湖时代。

新石器时代考古学文化普遍存在的圆形陶器、陶环、纺轮、石环等，是我们研究人类对圆的认识和利用、研究几何学起源的重要资料。这些材料远远超越于文献的记载，也是考古学的魅力所在。

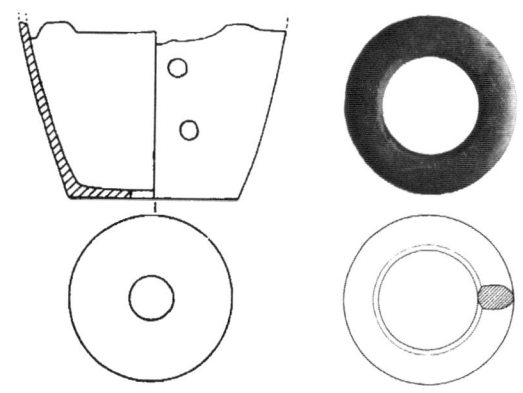

图 4.40-41　河南舞阳贾湖遗址出土陶甑与石环，距今约 8000 年

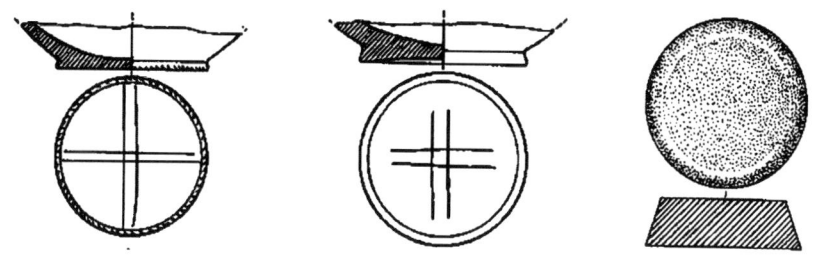

图 4.42-43　安徽蚌埠双墩遗址出土陶器器底十字形刻画及
　　　　　　陶制圆饼，距今 7000 多年

— 139 —

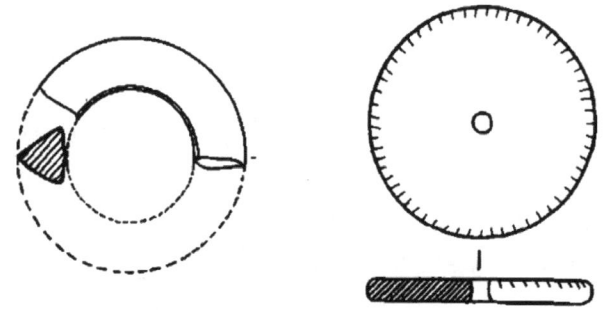

图 4.44-45　甘肃师赵村二期陶环，陇县原子头仰韶文化三期陶纺轮，距今 6000 多年

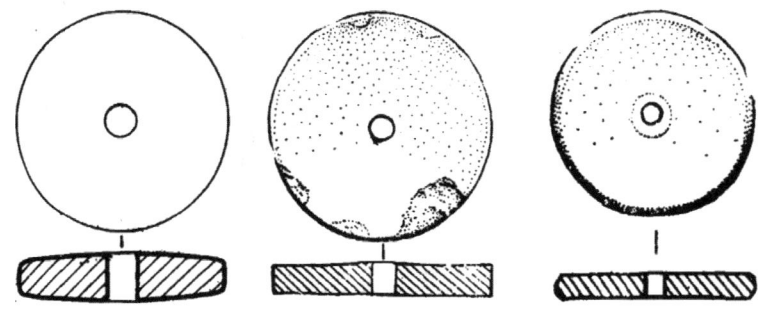

图 4.46-47　西乡何家湾出土庙底沟类型陶纺轮，淅川下王冈仰韶三期陶纺轮 1-2，距今 5000 多年

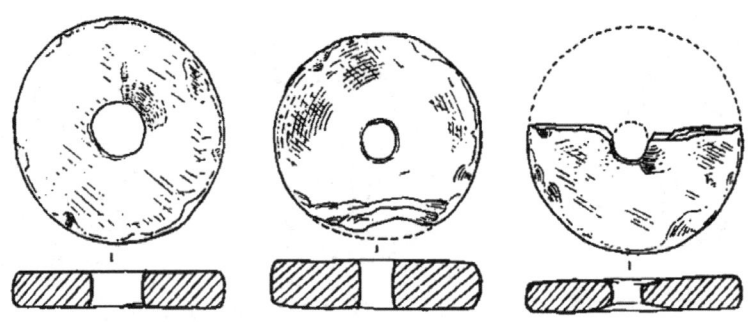

图 4.48　陕西神木新华遗址出土陶纺轮，距今 4000 年前

第四章 图语：中国远古纹饰的纪事性

新石器时代石器钻孔技术已经成熟

跟陶器上制作圆形和陶纺轮、陶环相比，用石材制作的圆饼、圆球以及石纺轮、石环无疑具有更大的难度，后者不仅要求拥有制作圆形物的知识和技术，还需要在石头上钻孔的技术、对石器进行打磨使其变得光滑、符合圆形外观要求的技术。

目前出土新石器时代石制圆饼、圆球不多，仅有个别发现：安徽蚌埠双墩遗址出土一件石制圆饼，年代在7000多年前（图4.49）；大汶口文化出土一件石制圆饼，距今5000年左右（图4.50）；河南济源市长泉出土一件仰韶文化石球，直径10厘米，距今5000多年（图4.51）。

这些石制圆饼、圆球与旧石器时代的石球不一样，它们都是标准的圆形，其制作需要使用画圆的工具，并且需要精心磨制，而旧石器时代的石球只是一种粗糙的圆球形，一般是打制而成。

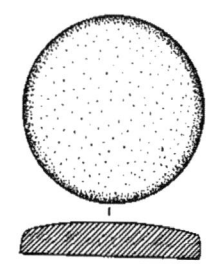
图4.49 双墩遗址出土石制圆饼

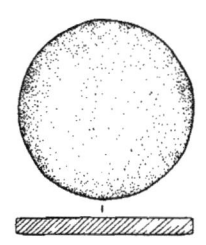
图4.50 大汶口文化石制圆饼

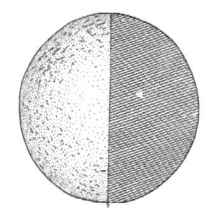
图4.51 济源长泉遗址出土石球

相对而言，出土新石器时代石纺轮、石环、穿孔石器较多：

河南舞阳贾湖遗址出土距今8000年前的石环，是年代最早的圆形穿孔石器，而且制作精美、打磨细致，堪称新石器时代工艺高超的石器精品（图4.52）。

山东地区北辛文化出土石纺轮（图4.54）、江苏龙虬庄遗址出土石纺轮

（图 4.55），距今六七千年前。

南京北阴阳营文化出土石纺轮、大石圈，距今五六千年前（图 4.53）。其中大石圈系用石灰岩凿制而成，粗大笨重，直径最大者达 25.4 厘米，最小也有 17.2 厘米，其形制与贾湖石环一致，考古学家推测可能是放置盆、钵等圜底器的器座——不过从制作精细的贾湖石环看，作为器座似乎过于奢华了。

河南妯娌二期（庙底沟期）石器坑出土一批石璧、石环，距今 5000 年左右（图 4.57-58）。

泗水尹家城出土大汶口文化石纺轮（图 4.56）、内蒙古老虎山文化石纺轮（图 4.59），距今四五千年前。

新石器时代没有金属工具，这些圆形以及穿圆孔石制品不仅为几何学的起源提供了珍贵的实物资料，而且也是工艺技术史研究的珍贵资料。

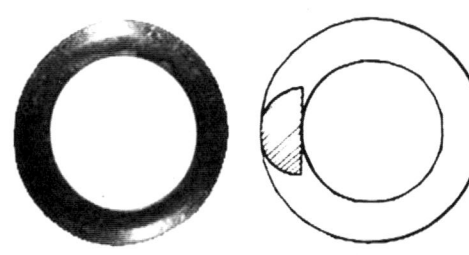

图 4.52　贾湖石环，距今 8000 年前

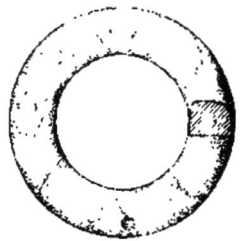

图 4.53　北阴阳营遗址出土大石圈

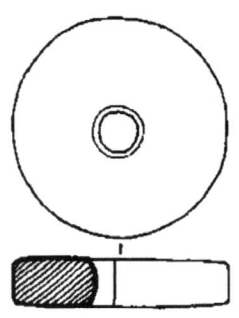

图 4.54　北辛文化石纺轮

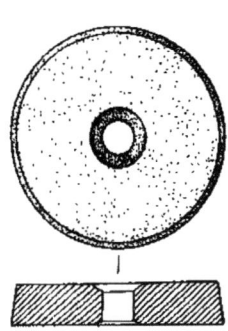

图 4.55　龙虬庄出土石纺轮

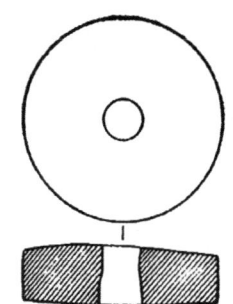

图 4.56　泗水尹家城出土石纺轮

第四章 图语：中国远古纹饰的纪事性

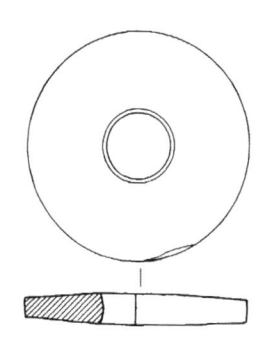

图4.57 妯娌二期石器坑出土石璧

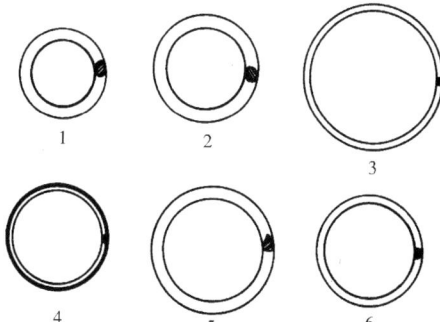

图4.58 妯娌二期石器坑出土石环

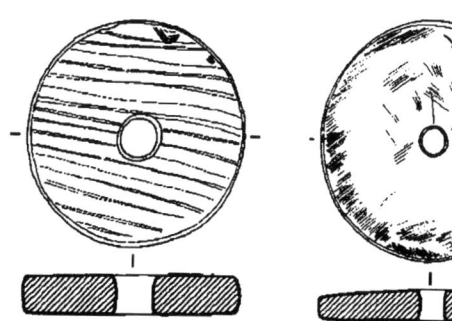

图4.59 内蒙古老虎山西白玉出土石纺轮，4000多年前

图语四：等分圆面与几何知识

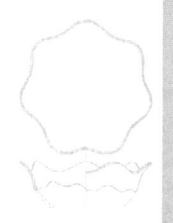

根据考古发掘出土器物，可以非常直观地观察与了解到新石器时代人类对圆形或圆周进行多等分的能力及其他相关几何知识。

新石器时代等分圆形或圆周的一般情况

新石器时代的彩陶一般通过口沿纹饰或器身的纹饰表现其对圆周的等分，最常见的是四等分、八等分、十二等分，其他等分的形式较少。如半坡类型鱼蛙纹彩陶盆（见第六章）、马家窑文化彩陶罐都通过口沿纹饰实现对圆周的九等分（图4.60）。

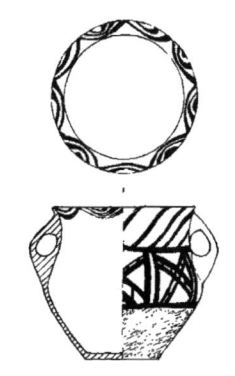

图4.60　马家窑文化彩陶罐

龙山文化玉器的典型器"璇玑"一般都是对圆周的三等分（图4.61；彩图33），河姆渡遗址第一期出土花叶纹陶釜，其口部折沿为十八角形，说明7000年前河姆渡人已具有对圆周进行十八等分的能力（图4.62）。

本节主要介绍新石器时代中期中国古人对圆周进行多等分的材料与能力。

图4.61　龙山文化玉器

第四章 图语：中国远古纹饰的纪事性

贾湖出土八千年前多等分圆形的材料

河南舞阳贾湖遗址出土距今8000年前的陶器，涉及对圆形口部的多等分。

贾湖敛口陶钵H117：1，口沿下饰对称的四个盲鼻，对口部圆周形成四等分（图4.63）；贾湖方口陶盆H29：1，四角唇沿下内外都附加泥条形成扁乳钉，也对口部圆周进行四等分（图4.64）。

贾湖出土另外两件方口陶盆，口部是方圆结合，成内圆外方形制。其角上穿孔形成对圆周的四等分（图4.65）。

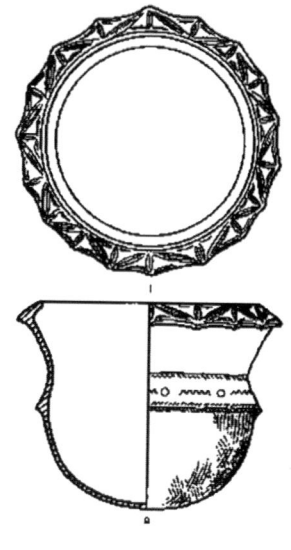

图4.62 河姆渡陶釜

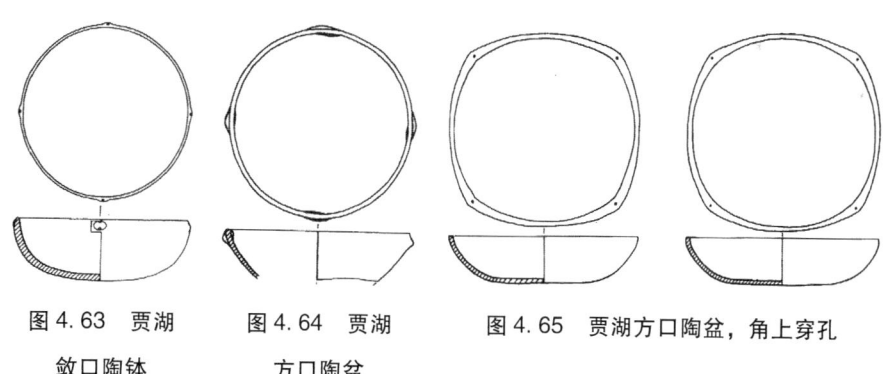

图4.63 贾湖敛口陶钵

图4.64 贾湖方口陶盆

图4.65 贾湖方口陶盆，角上穿孔

贾湖敛口陶钵H117：4，口沿下饰三个盲鼻，对口部圆周形成三等分（图4.66）；贾湖出土另一件陶钵，上腹饰三个扁乳钉（可视为三耳），对圆周形成三等分（图4.67）。

贾湖遗址还出土口沿为五角形的陶盆，通过五角对陶盆圆周进行了五等分（图4.68）。

— 145 —

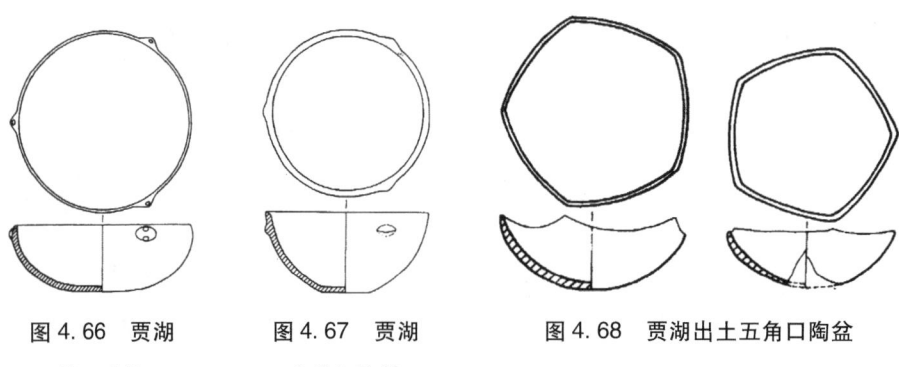

图 4.66 贾湖
敛口陶钵

图 4.67 贾湖
扁乳钉陶钵

图 4.68 贾湖出土五角口陶盆

以上这些贾湖器物和器型，都是中国新石器时代陶器中罕见的，尤其是新石器晚期基本不见，陶器口沿基本上都成了圆形平口的。为什么新石器中期陶器有这么新颖的样式和制作，到晚期反而难以见到？尤其是对陶器口部圆周的三等分、五等分形制，是研究新石器时代人类等分圆形、圆周的宝贵资料。

贾湖出土假圈足陶碗 H102：16，其假圈足边缘刻有 6 个对称缺口，对假圈足的圆周进行了六等分（图 4.69）。贾湖圈足陶罐 H109：2，则在圈足边缘一周刻了 20 个缺口，使圈足犹如 20 个齿的齿轮，实现了对圈足圆周的二十等分（图 4.70）。

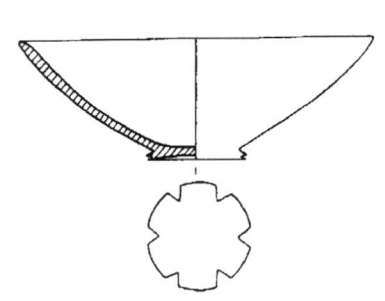

图 4.69 贾湖假圈足陶碗

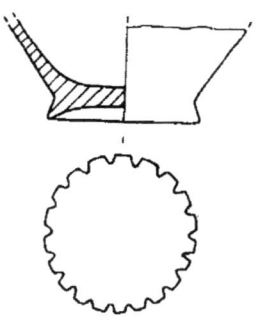

图 4.70 贾湖圈足陶罐

第四章 图语：中国远古纹饰的纪事性

同样，对圆周进行六等分、二十等分的资料在新石器时代考古发掘中也少见。它们对研究史前人类等分圆形、圆周的知识与技能具有重要价值和意义。

彭头山文化出土八千年前多等分圆形的资料

贾湖的陶器还不是孤立的现象，长江中游彭头山文化出土的陶盘、陶盆也具有贾湖陶器的特点，尤其是出土一批与贾湖五角口陶盆具有类似造型的器物。

湖南澧县彭头山遗址出土一件陶盘，其内、外壁皆施红衣，"口部复原为八角葵口"，即口部圆周被八等分（图4.71）。

彭头山文化的另一个遗址澧县八十垱遗址出土了更多的同类陶器：

八十垱出土的荷叶边口沿陶盆，其口沿有七等分的，有十一等分的（图4.72）；出土荷叶边口沿陶钵，其口沿有五等分的，有七等分的，也有九等分的（图4.73）。

八十垱出土的矮足陶器，则流行六足，即陶器底部圆周被六等分（图4.74）。

彭头山文化的年代与贾湖遗址差不多，也在8000多年前。

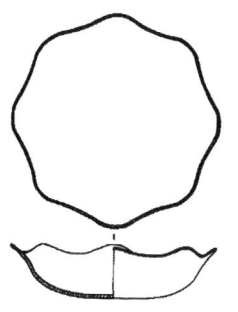
图4.71 澧县彭头山出土陶盘

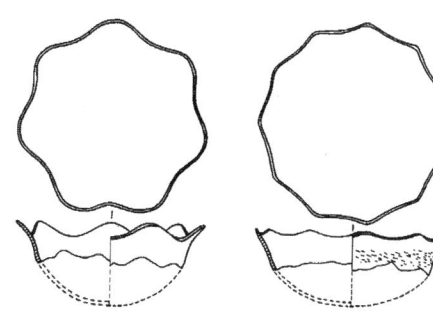
图4.72 湖南澧县八十垱遗址出土陶盆

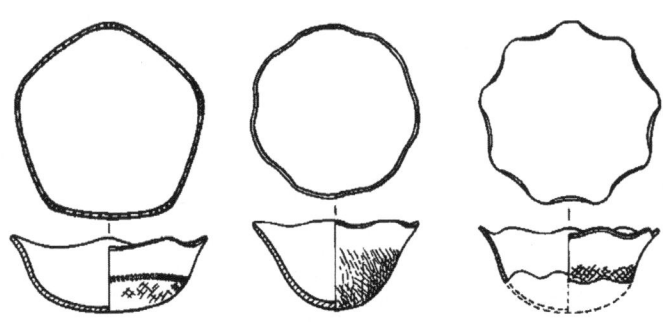

图 4.73　湖南澧县八十垱遗址出土陶钵

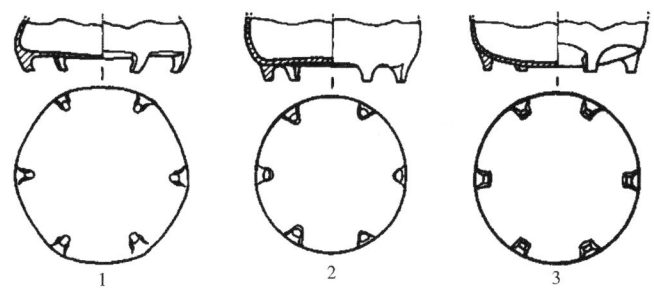

图 4.74　八十垱遗址出土矮足陶器

彭头山文化是长江中游新石器中期的代表性文化,贾湖文化则是黄河流域新石器中期的代表性文化。彭头山文化出土陶器的造型,涉及对圆周的五等分、六等分、七等分、八等分、九等分、十一等分;贾湖遗址出土陶器的造型,涉及对圆周的三等分、四等分、五等分、六等分、二十等分。

两个文化的材料说明在距今 8000 年前,黄河流域与长江流域的古人可能都具备了大约 100 以内正整数任意等分圆周的能力。

而且贾湖与彭头山文化陶器形制这种现象,尤其是那种优美的荷叶边造型的陶器,进入新石器时代晚期基本上都消失了。这真是一个奇怪又令人惋惜的文化现象!

跨湖桥出土七千多年前多等分圆形的资料

浙江跨湖桥文化与贾湖、彭头山文化大体上属于同一时代，只是年代略晚，大约距今7200~7000年。跨湖桥文化的材料也可以佐证贾湖与彭头山文化应该具备了大约"100以内正整数任意等分圆周的能力"。

跨湖桥遗址出土一件陶圈足盘，其"折沿外有八个小凸錾"将口部圆周八等分；外腹壁有八条纵向锯齿状凸棱等距分布，将整个陶圈足盘外壁八等分，说明古人有等分圆柱体的能力（图4.75）。

跨湖桥遗址出土一件陶釜，其口沿内侧用平行双短线刻画出均匀的21个角形（图4.76）；一件陶豆盘，"口沿残见半圆形垂挂红彩"，据复原共22个（图4.77）。21是奇数，说明跨湖桥人应该有能力对圆周、圆形做出较大正整数（比如100以内）的任意等分，因为对圆周的二十一等分不是靠"一分为二"的对折方法能够实现的。

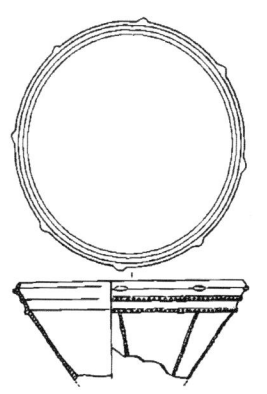 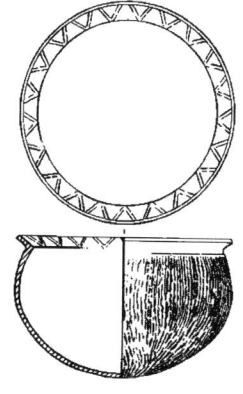 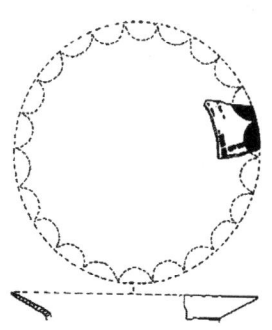

图4.75 跨湖桥陶圈足盘　　图4.76 跨湖桥陶釜　　图4.77 跨湖桥陶豆盘

图语五：数的知识与形之匠意

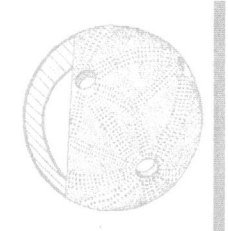

新石器时代器物纹饰与"数的知识"

1. 屈家岭文化彩陶纹饰反映的"数的知识"

根据新石器时代器物纹饰，可以直观了解一些古人对数的认识和知识。

屈家岭遗址出土屈家岭文化晚期器物，有一部分彩陶纺轮的纹饰具有明确数量关系。如T133：2（32），纺轮上画十字形平行线纹，也是4组三画平行线，其形指向四个方位，其数为12条短线——这种关系吻合一年四季十二个月（图4.78）。

屈家岭文化晚期陶纺轮T97：4（3）和T107：4B（1），其圆面均绘画3组平行线纹，每组是5条平行线（图4.79-80）。不同的是，前者为5条平行弧线，后者为5条平行短直线——后者绘画马虎、随意，可能说明这种意思表达在制作者那里早已烂熟于心。

可以佐证这种推测的是还有其他一些更严谨、明确的绘画，如同一遗址出土的同一批屈家岭文化晚期陶纺轮T106：4A（3）、T132：3D（7）、T98：4A（3），均用4组五数平行线纹构图（图4.81-83）。T106：4A（3）和T132：3D（7）是4组平行短直线，T98：4A（3）是4组平行弧线，均在陶纺轮圆面以对称方式分布于四方位。

这些材料说明屈家岭文化存在对五数的崇拜，对五数情有独钟。

为什么有这种现象呢？一个很容易产生的联想就是，人的手指、脚趾都是五个一组。但是，中国新石器时代纹饰对五数、十数、二十数的钟情，还

第四章 图语: 中国远古纹饰的纪事性

图 4.78-80 屈家岭出土屈家岭文化晚期陶纺轮
T133: 2 (32)、T97: 4 (3)、T107: 4B (1)

图 4.81-83 屈家岭出土屈家岭文化晚期陶纺轮
T106: 4A (3)、T132: 3D (7)、T98: 4A (3)

有更加本质的原因,即它们与十月太阳历有关。

同一遗址出土,同样属于屈家岭文化晚期的一件彩陶器盖（图 4.84）,其天文历法意义更为明确:盖钮彩绘的地纹为一个圆内画双线十字形,十字交叉点为田字形,这个纹饰寓意一年四时八节;盖面绘画 10 组双旋纹,旋臂的一端连接在盖钮圆纹外,旋纹是年周期的标志性纹饰, 10 组旋纹合一年十个月的历法——古代纹饰习惯于将多种历法的历数设计制作在一起。

图 4.84 屈家岭文化陶器盖纹饰

— 151 —

2. 屈家岭文化陶球纹饰反映的"数的知识"

同样是屈家岭出土屈家岭文化晚期的陶球,上面的纹饰寓含了更丰富的数关系。

陶球 T182:3(3),其主要纹饰单元是:围绕球面的圆形穿孔制作了 8 组由锥刺点组成的平行线纹,其中 4 组平行线纹各有 4 条平行线,有 4 组平行线纹各有 3 条平行线,二者相互间隔,指向八个方位(图 4.85)。后者 4 组 12 条平行线,合一年四季十二个月,加前者 4 组 16 条平行线,合计一个圆形穿孔周围是 28 条平行线,寓意二十八宿。则圆形穿孔可寓意北极星。此陶球的纹饰设计堪称精妙!

陶球 T174:6,7(2),其主要纹饰单元是:围绕球面的圆形穿孔制作了 8 组由锥刺点组成的平行线纹,其中 4 组平行线纹各有 3 条平行线,有 4 组平行线纹各有 2 条平行线,二者相互间隔,指向八个方位(图 4.86)。后者 4 组 8 条平行线,合一年四时八节;前者 4 组 12 条平行线,合一年四季十二个月;两者相加则一个圆形穿孔周围是 20 条平行线,合十月太阳历阴阳两年的月数。同样,圆形穿孔也可寓意日月星辰。此陶球的纹饰设计与 T182:3(3) 异曲同工!

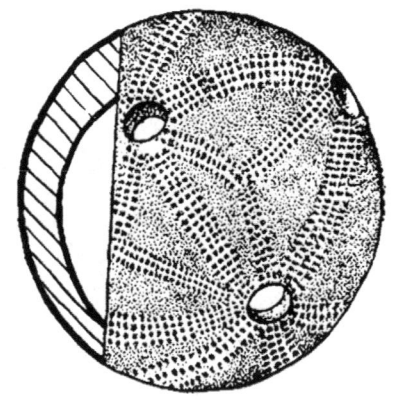
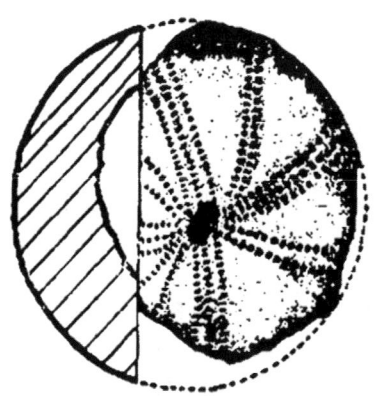

图 4.85-86 屈家岭出土屈家岭文化晚期陶球
T182:3(3)、T174:6,7(2)

第四章 图语：中国远古纹饰的纪事性

屈家岭文化晚期陶球 T182：3（3）、T174：6，7（2）的纹饰设计和制作，十分严谨，其天文历法内涵可以肯定。它们也佐证上述屈家岭文化晚期陶纺轮纹饰数关系与文化内涵的存在。

3. 双墩出土器物纹饰反映的"数的知识"

安徽蚌埠双墩遗址出土陶碗为饼足底。其外底微内凹，里面"压划有4组对称重弧线形符号，弧线规整均匀，中间有鹿形压划符号，为陶坯未干时压划而成"（图4.87）。

这件7000多年前的碗底压划弧线形符号，与屈家岭文化晚期陶纺轮 T98：4A（3）上的四组平行弧线有异曲同工之妙。它们都是四组平行弧线（而且每组五条），对称分布于一个圆面；区别仅仅在于，一个弧弯向外，一个弧弯向内。

双墩遗址出土另一件器物陶塑人头，其"椭圆形脸颊两侧各有五个戳刺点连成一斜线，额头中间有椭圆形的同心圆"（图4.88）。

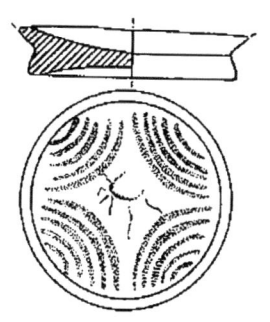
图4.87 双墩出土陶碗底部刻画

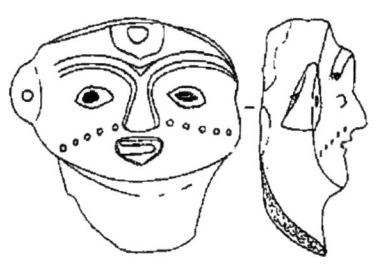
图4.88 双墩遗址出土陶塑人头

陶塑人头"脸颊两侧各有五个戳刺点"，与陶碗弧线形符号一样，都对五数情有独钟。

双墩遗址出土器物在7000多年前，屈家岭文化晚期器物在4000多年前，二者相距约3000年，无论是否存在文化传播与影响关系（目前并没有相关证据），它们对五数、十数、二十数的刻意表现与追求，都应该与背后的文化因素有关，即表现阴阳五行十月太阳历的基本数量关系。

据冯时研究，鹿在史前长期是北陆（北方七宿）的物象，即它被史前人类用为天象的标志。因此，双墩碗底中央刻画的鹿形符号，也可能是天象的标志物——中国史前人类，在不同的时代、不同的考古学文化中，会有不同的天象崇拜，最重要者其物象标志就会被刻画在图案的中央或最重要位置。

4. 大南沟和半坡器物纹饰较复杂的"数关系"

仅就表面而言，新石器时代器物纹饰对数的表达也有更大的正整数。

如内蒙古翁牛特旗大南沟遗址出土陶盂，其腰部绘 8 个方格子菱形，每个菱形有 7×7＝49 个小格子，如果计总数则有 392 个小格子（图 4.89）。

著名的半坡人面鱼纹盆，其内壁有一种 10×10＝100 格的菱形纹，而且被夹于两个阴阳交午图形之间（图 4.90）。半坡遗址出土陶器残片 P.4237，上面用锥刺点排列等边三角形及相关图案（图 4.91）。考古报告《西安半坡》挑出陶器残片上的部分锥刺点图案说明它是"有严格数目的纹样"，为三十六数（图 4.92）。

图 4.89　大南沟陶盂方格菱形纹

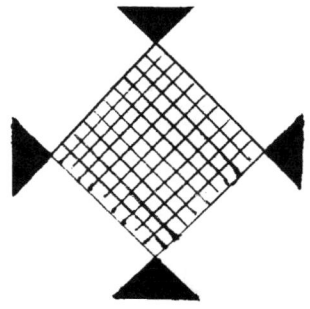

图 4.90　半坡人面鱼纹盆 100 格网纹

由于一些纹饰和数关系反映历法，因此一些表现天文历法基本数量关系的纹饰，其背后隐藏的数远大于纹饰表面所反映的正整数——至少意味着古人认识与熟悉一年 365 天这个数量关系。

半坡陶器残片那种锥刺点三角形，其表现的数关系非常严谨、有规律：底边为 7 个锥刺点的三角形其锥刺点总数是 28；底边为 8 个锥刺点的三角形其锥刺点总数是 36；底边为 9 个锥刺点的三角形其锥刺点总数是 45；底边为

第四章 图语：中国远古纹饰的纪事性

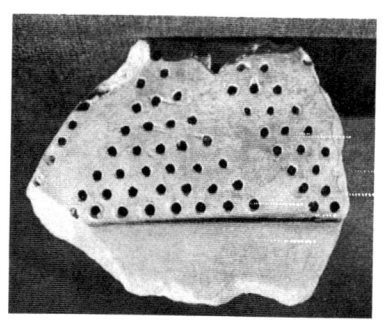

图 4.91 半坡陶器残片 P.4237　　图 4.92 半坡有严格数目的纹样

10 个锥刺点的三角形其锥刺点总数是 55。这些数都是古代天文历法和易学体系里面的常数。

半坡陶器残片的锥刺点图案实际上可以复原，其母图应该是底边为 16 个锥刺点的正三角形数图，锥刺点总数为 136，其文化内涵堪称博大精深（参见作者其他相关著作）。

新石器时代器物造型之美

新石器时代器物造型之美，令人目不暇接。典型的如仰韶文化尖底瓶、大汶口文化陶鬶、龙山文化黑陶高柄杯、良渚文化玉琮等等，它们都是一些著名的考古学文化中的流行器物或标志性器物，而不仅仅限于一两件或几件。

1. 大汶口文化、龙山文化器物造型之美

论器物造型的多样性与独特美观，尤以东部地区大汶口文化、龙山文化具有代表性。

如大汶口文化高足陶杯，两头大中间小，分段分节，其形象已是高楼巍峨状，再加溜尖的杯盖，犹如万丈高塔，给人高耸入云天的感觉（图 4.93）。大汶口文化觚（gū）形陶杯，杯体与基座都是喇叭形；细长的柄部，通过凸棱分段分节。整个觚形杯，看起来有如楼阁般的复杂造型，其足部还有三角

形与圆形镂孔（图4.94）。

山东龙山文化出土蛋壳黑陶高柄杯，是典型龙山文化的标志性器物（图4.95）。

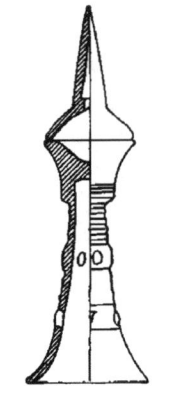
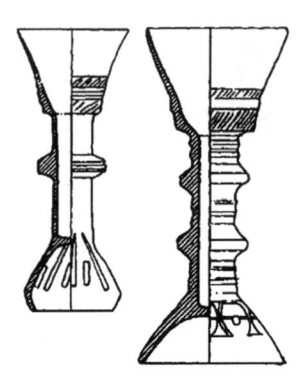

图4.93　大汶口文化高足杯　　　图4.94　大汶口文化觚形陶杯　　　图4.95　龙山文化蛋壳黑陶高柄杯

所谓蛋壳黑陶，因其器壁薄如蛋壳、表面乌黑光亮而得名。其造型一般都是头重脚轻，秀丽挺拔，予人高贵典雅的形象和气质。这种陶器器壁厚薄均匀，造型费工费时，制作技艺堪称美妙绝伦。它们虽然质地细腻坚硬，但由于器壁超薄，故也易碎。它们只出土于少数大中型墓葬，应该是一种显示尊贵身份的礼器。

以动物形象造型的陶鬶，也是大汶口文化的特色之一。

大汶口文化出土水器袋足陶鬶，口沿外侈，流为鸟喙形。多在长颈下装红薯状三袋足，以足代腹，三足间的空隙为烧水时的受热面（图4.96；彩图35）。这种水器造型奇特，却又非常科学、合理，充分考虑到使用的方便：

图4.96　山东泰安大汶口遗址出土袋足鬶

它以三袋足为盛水的腹，盛水量大，放置稳定，烧水时受热面积大，容易烧开；口沿外撇，口沿与颈部形如漏斗，易于灌水；口部的流形如鸟喙，便于倒水。有宽大的鋬，便于提携。

2. 其他考古学文化器物造型之美

宜昌路家河二期出土漏斗形陶缸，器壁光滑、干净，下腹急收成曲线形的漏斗状，形制非常优美（图 4.97）。

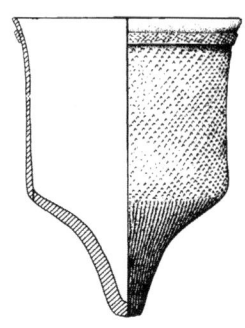

图 4.97　路家河陶缸

仰韶文化有些灰坑，都是一件精美的艺术品，如陕西旬邑下魏洛 A 区仰韶文化晚期灰坑 H2 其口部为圆形、底部为圆角方形（图 4.98），又如三门峡南交口仰韶文化二期圆形灰坑 H4，其截面竟然为灯罩式的瓶形（图 4.99）。

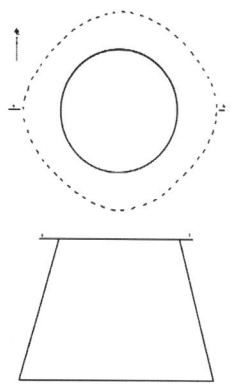

图 4.98　旬邑下魏洛 A 区灰坑 H2

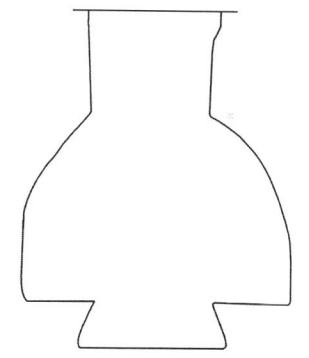

图 4.99　三门峡南交口灰坑 H4

马家窑文化马厂类型一件人形罐，为写实的人像，据其宽大的腹部、臀部和突出的乳房，可判断塑造的应是一个女人形象（图 4.100；彩图 36）。这种制作陶器的思路和风格可能影响到后来的四坝文化。四坝文化出土了不止一件以人体形象造型的陶罐（图 4.101-102；彩图 37-38），令人惊异：竟有如此奇葩！

四坝文化还出土一件方杯,为甘肃玉门火烧沟出土,把手为羊头形,杯上画手纹(图4.103;彩图39)。方形陶杯极其罕见,还加羊头形把手和手纹!

四坝文化年代在夏商时期,目前不知道它们属于历史上哪个人群,但它确实让人另眼相看。

图4.100 马厂类型人形罐

图4.101 四坝文化人形罐

图4.102 四坝文化彩陶罐

图4.103 四坝文化方杯

第五章
科学:中国远古纹饰的内在美

"伏羲画卦"是怎么回事?

阴阳五行、太极八卦、河图洛书……

中国古代文化最神秘、深奥的部分

几千年来,对于中国人

甚至对无以计数的专家学者来说

它们都是一些难解和未解之谜

黄帝时代有历法吗?

伏羲时代有历法吗?

二十八宿起源乃世界之谜——

远古纹饰,能否引领我们登堂入室?

中原地区：仰韶文化陶器记录的科学知识

北首岭彩陶纹饰记录的科学知识

宝鸡北首岭遗址仅发掘了一部分，其出土彩陶中至少有两件用纹饰明确反映和记录了远古时代的历法及相关知识。

1. 北首岭红陶细颈壶77M15：（7）及其纹饰

1977年宝鸡北首岭遗址中期墓葬出土仰韶文化红陶细颈壶77M15：（7），年代约6500年前（图5.1）。

该细颈壶肩腹部饰有三周用小三角叠砌的黑彩图案，小三角的数量和布局完全吻合十月太阳历的历数关系：

上部一周由6个小"松塔"构成，每个小"松塔"又由6个小三角构成，计36个小三角，可纪十月太阳历一月三十六天。中部和下部的两

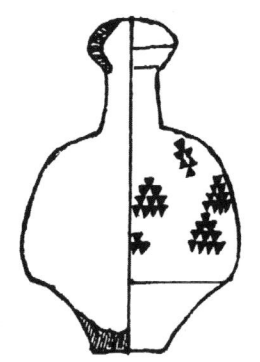

图5.1 北首岭红陶细颈壶

周各由7个大"松塔"构成，每个大"松塔"又由10个小三角叠砌而成；每个大"松塔"可纪十月太阳历一年十个月，14个大"松塔"可连续纪14年（图5.2）。

上部一周小三角两两尖角顶对呈"✕"状。"✕"为立杆测影所得之阴阳交午图形，商周甲骨文数字"五"即此形，根源于阴阳交午。因此，上周小三角设计成两两尖角顶对，当表示十月太阳历来自立杆测影、观测太阳的

周年视运动,也是77M15:(7)彩陶壶纹饰为十月太阳历历书的一个内证。

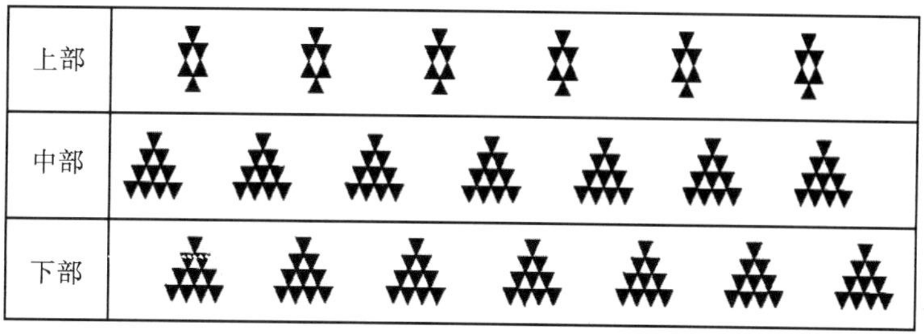

上部	▼▲▼ ▼▲▼ ▼▲▼ ▼▲▼ ▼▲▼ ▼▲▼
中部	
下部	

图5.2 北首岭红陶细颈壶纹饰展开图

北首岭77M15:(7)红陶细颈壶十分小巧,特别是口径仅有2.3厘米,因此它不具有多少实用价值,很可能用于盛装作物或蔬菜的种子。

2. 北首岭彩陶瓶78M4:(6)及其纹饰

1978年北首岭遗址中期墓葬出土仰韶文化彩陶瓶78M4:(6),其年代也在6500年前(图5.3),与红陶细颈壶77M15:(7)属于同一时期。

图5.3 北首岭彩陶瓶

《宝鸡北首岭》对78M4:(6)红陶细颈瓶的文字介绍仅有"腹饰小三角砌成大三角的松塔状黑彩"寥寥数语,但据发表的图片观察,其肩腹部的纹饰设计与四时八节历法的历数相合:

其腹部对称双耳的一侧(即图片所示彩陶瓶的半面),有三个用小三角叠砌的松塔状黑彩,其中一个大的居中,两个小的分居两侧。大"松塔"由28个小三角叠成,按七、六、五、四、三、二、一之数自下而上叠砌,为正三角形数图;两个小"松塔"小三角数各为15,按一、二、三、四、五之数自下而上叠砌,也成正三角形(图5.4)。据此判断,彩陶瓶腹部另外半面的纹饰亦当如此。

即整个彩陶瓶有两组对称的28数小三角叠成的松塔状黑彩,有四组15数小三角叠成的松塔状黑彩,前者寓意二十八宿,后者每个小三角可纪日3

天，四组 15 数小三角黑彩可纪日 180 天，刚好半年。古人将一年分做上、下或冬、夏两个半年，故彩陶瓶纹饰作为四时八节的历书使用是没有问题的。

从多种角度研究半坡类型可知，这件彩陶瓶纹饰反映的历法应该是参历①。

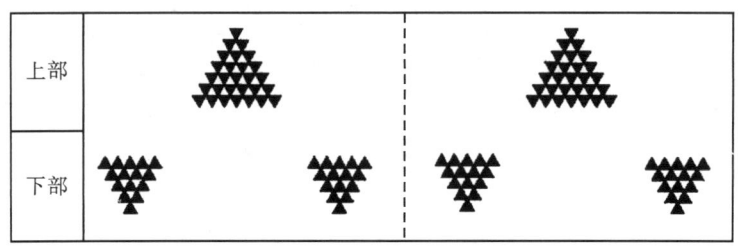

图 5.4　北首岭遗址出土彩陶瓶纹饰展开图

半坡类型其他陶器记录的科学知识

半坡类型陶器纹饰及遗迹反映古天文历法内涵的极其丰富，略举两例。

1. 何家湾出土半坡类型圜底盆 H163：1

陕西省西乡县何家湾遗址出土半坡类型圜底盆 2 件，其中一件"口沿上饰对称的直线斜三角纹"。

据考古报告给出的平面图可知，盆沿有四组直线纹，每组六条平行短直线，计 24 条短直线。另外四组直线纹之间均饰斜道纹，整个盆沿纹饰也是四方八位式设置，显得均衡美观（图 5.5）。

此圜底盆口沿纹饰反映一年四时八节、十

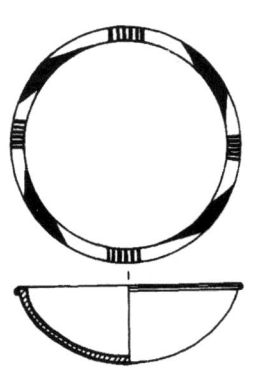

图 5.5　何家湾出土
半坡类型圜底盆

---

① 以二十八宿西宫七宿之参宿为授时星象的历法，与火历一样，也是一年分四时八节。

二个月二十四节气历数。

2. 龙岗寺出土半坡类型人面纹彩陶罐

陕西南郑县龙岗寺遗址出土半坡类型人面纹小平底彩陶罐，其上绘有两排平行并列的人面纹，上下各 6 个计 12 个（图 5.6）。12 个人面纹分两种：一种是用直线条将人面划成上中下三部分并且短直线勾勒长方形的眼睛、鼻子、嘴巴，面部表情平静，似作闭目深思状或无动于衷状；一种用弧线将人面划出上中下三部分，额部亦作两段圆弧纹，嘴巴大张、眼睛睁圆，似惊讶或恐惧地望着天空。

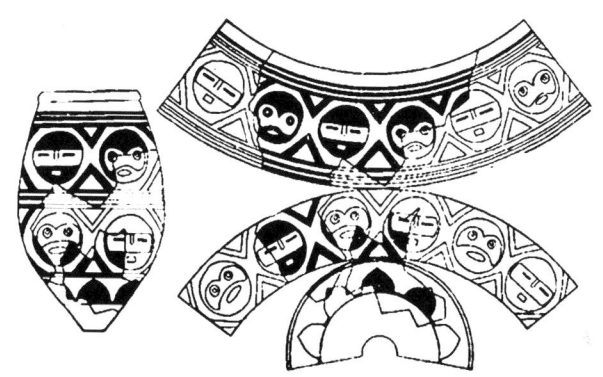

图 5.6 龙岗寺出土半坡类型彩陶罐及其人面纹

据考古学家陆思贤研究，半坡人面鱼纹中人面纹的构画、含义与表示月相有关。龙岗寺这种人面纹与半坡人面鱼纹中的人面纹风格类同，都是一种幼儿相，其含义可能相关。古人认为月有生死，龙岗寺这种人面纹非常形象地刻画出人们面对月之生死而产生的不同情感、心理和表情：面部表情平静者反映月之"死而复生"，表情惊恐者反映月亮由圆渐缺直至"死亡"，二者错杂相布正反映古人随着月之生死而产生的情感变化。

两种表情的 12 个人面纹，寓意阴阳及一年十二个月。

一批齿轮形器物和刻画的寓意

1. 柏树岭遗址出土庙底沟类型器物

1972年，考古学家在秦岭以南汉水上游安康县花园公社柏树岭遗址进行小面积发掘，得到一批仰韶文化庙底沟类型器物，年代在5000多年前。

这批器物中有3件陶纺轮，其中一件"是利用残陶片打制而成。做法是将残陶片打成圆形，中间钻孔制成"。该陶纺轮的平面视图形如齿轮，边缘一周是19个齿（图5.7）。这批器物还包括11件陶环，这些陶环"多为素面。剖面呈圆形或椭圆形。有一件饰以辫形纹，制作精美"。这件制作精美、饰以辫形纹的陶环平面视图仍然形如齿轮（辫形齿），仍然是19齿（图5.8）。

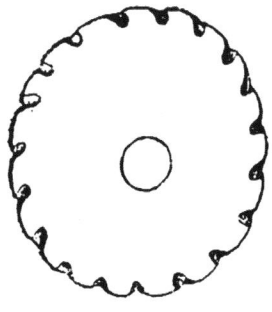   

图5.7　安康花园陶纺轮　　　　图5.8　安康花园陶环

无论是特殊的一件"纺轮"还是特殊的一件"陶环"，都制作成齿轮状而且是19齿，这恐怕不能看作是巧合。我们认为这些刻意制作的19齿纹饰，应该都与十九年七闰历法相关，是十九年七闰历法已经产生和使用的证据之一。

2. 仰韶文化半坡和姜寨遗址出土器物

半坡遗址曾出土一件陶环P.3502，年代在6000多年前。该陶环形如齿轮，外缘刚好凸出成30个尖齿（图5.9）。这种陶环很可能用于历法的纪日——只要将它套在木柱上再固定一个参照点，每日转动一齿即可纪日，做历书使用。如果这种推测不错的话,半坡文化中很可能存在一种十二月历法,即将一年分为12个月,每月固定30天,余5~6天为过年日。最早的"二十四节气"则由于古人阴阳两分的思想,将12个月平分即成——半坡类型器物中普遍存在着反映一年十二个月二十四节气历数的纹饰设计。

陕西临潼姜寨遗址出土半坡类型彩陶钵,有一件底部特意刻制一周24个小槽(图5.10),与一年二十四节气历数相合,可继续佐证半坡类型中一年二十四节气历法的存在。

图 5.9　半坡出土陶环 P.3502

图 5.10　姜寨出土彩陶钵

四夷：黄河上下游及红山文化的科学知识

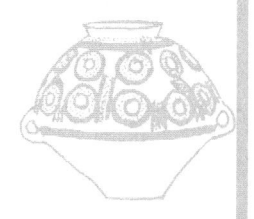

大汶口文化器物纹饰记录的科学知识

大汶口文化器物纹饰表现古天文历法者也非常丰富、常见，略举数例。

1. 大汶口遗址出土彩陶盆 M1018：32

山东泰安大汶口遗址出土大汶口文化彩陶盆 M1018：32，距今5800年前（图5.11）。考古报告对该陶盆纹饰描述为："腹部施红色陶衣，沿面着白色彩。腹部以红衣为地上绘四个等距白彩圆心八角纹，并以熟褐色彩勾八角边沿和填入圆心，构成太阳状图案。沿面上以白色为地绘红、熟褐等彩的半月形和竖道条纹相间组成鲜艳和谐的图案"。据此无法判断纹饰的具体情况和意思。

实际上该彩陶盆纹饰极其严谨，规划设计极具匠心。

盆外壁四个八角星纹作四方八位式分布，反复寓意四象八卦、四时八节。口沿一周有6

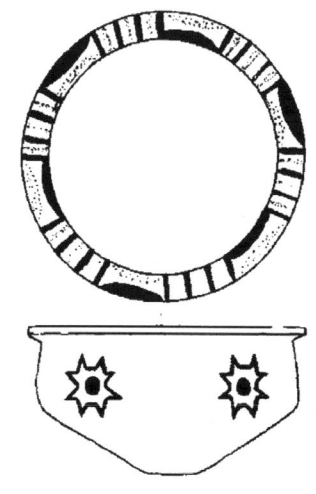

图 5.11　大汶口遗址出土彩陶盆 M1018：32

组线纹，每组4条短线，一周计24条短线合一年二十四节气数。每两组线纹之间再画出弧弯或向内或向外的半月形纹饰，而其地纹为两端大中间小成为阴阳交午图形的变形纹样，一周计阴阳纹12数合一年十二月。口沿纹饰总数

第五章 科学：中国远古纹饰的内在美

也是 12 组，寓意一年十二个月。

彩陶盆纹饰设计和分布极具美感：外壁 4 个八角星纹简洁干净；口沿 6 组短线纹整齐划一；口沿弧弯向内、向外的半月形纹饰各 3 个，相互间隔，等距离地分割盆沿，和谐优美而富有韵律和层次。

2. 邹县野店出土大汶口文化彩陶盆

邹县野店出土大汶口文化彩陶盆 M46：5（图 5.12），考古报告说"腹部原色地上绘白彩 ᛆᛆ 状图案，连接呈带状，并在口沿面上以白彩为地，画并列多条红色和深褐色相间的竖道和弧线正、倒三角纹"。也很抽象和粗略。

图 5.12 邹县野店出土大汶口文化彩陶盆

所谓"口沿面上以白彩为地，画并列多条红色和深褐色相间的竖道和弧线正倒三角纹"，实际是互相间隔排列的两类组合纹饰（各 6 组）：一类是竖线纹，共 6 组，每组白彩地纹 6 条红彩线纹 5 条，合计白彩 36 条红彩 30 条，合十月太阳历一个月三十六天及阴阳历一个月三十天之数。另一类是：以一中央加圆点的红彩斜线为中心，两侧饰对称露地白彩半月形，其外侧再对称构画两个红彩弧边三角纹，一周合计半月形、弧边三角纹各 12 个合一年十二月二十四节气之数，而"中央加圆点的红彩斜线"当表示日月星辰的运动。

据上，彩陶盆腹部连接呈带状的"白彩 ᛆᛆ 状图案"，可以理解为日复一日、年复一年的日月流转、时光往复恒在。

标本 M35：2（图 5.13），考古报告说"腹部绘满彩色图案，在上、下部的深褐宽带上绘白色斜栅纹，其间有四个等距的白彩勾深褐彩

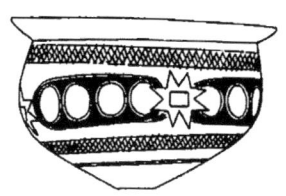

图 5.13 邹县野店大汶口文化彩陶盆 M35：2

— 167 —

勾边的白彩方心八角星纹，每两个八角星之间又以白彩椭圆圈相接，其内又置四个白彩圆圈，从而构成繁缛画面"。尤其对口沿纹饰没有介绍。

该彩陶盆外腹纹饰呈四方八位式分布寓意四象八卦、四时八节，同时八角星纹也是八卦的表达方式之一；4个八角星纹、4个白彩椭圆圈、每个白彩椭圆圈内又置4个白彩圆圈，反复表现"四"数，反映一年四季、四时八节。

该器口沿有6组平行短线纹，其中白彩线纹12条的2组、13条的2组、14条的2组，其文化内涵表达如图所示（图5.14；彩图40）。6组平行短线纹之间的纹饰完全同于彩陶盆M46：5，其意思表达也应该相同。

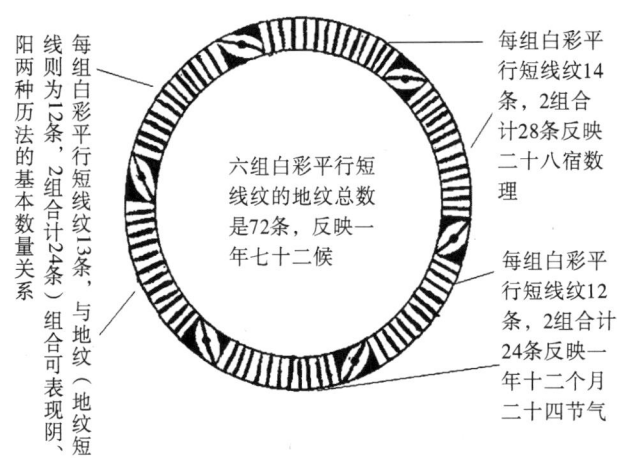

图 5.14 邹县野店大汶口文化彩陶盆 M35：2 口沿纹饰分析

马家窑文化彩陶记录的科学知识

马家窑文化彩陶是继仰韶文化彩陶之后中国史前彩陶的又一个高峰，其纹样丰富繁缛、色彩绚丽多姿，陶器饰纹的普遍性、广泛性也超过仰韶文化。但是与仰韶文化一样，马家窑文化彩陶纹饰绝大多数仍然非常严谨、有很强的规律性。其中明确表现古代天文历法知识和常数的仍然具有普遍性。以下仅略举数例说明：

1. 半山类型人头形器盖纹饰的内涵表达

早年瑞典人安特生曾在甘肃获得3件人头虎面装彩陶器盖，属于马家窑文化半山类型器物，距今4500年左右。

其中一件完整器：盖钮塑成人头形，脸面画垂直虎面条纹，其脑后塑一条蠕动的蛇形纹，考古学家陆思贤称之为"虎头蛇尾"。这种人与动物龙、虎结合的图像到底是什么含义呢？

此器盖边缘即人头颈下肩部一周制成19个尖齿犹如齿轮，自颈部至盖缘画19道直线纹将盖面一周分割为19格，其中有13格内均画蛇形线，余下的6格内各画2个尖角顶对而并排的菱形，菱形的空白处为两个三角形尖角顶对的模样即阴阳交午图形（图5.15）。

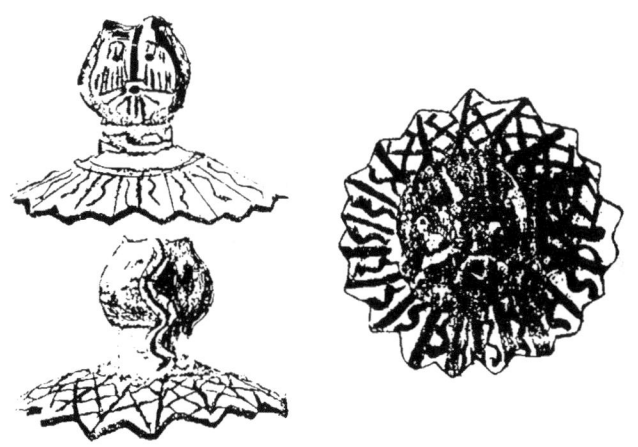

图5.15　半山类型人头形器盖（19个尖角、13条蛇形线）

德国学者D.R.裴德烈认为该图案"绘出了象数的月历，并同时附有极老的带有《易经》传统与伏羲太阳神神话相联系的图像，这里画有两个侧面。正面像人的头，背面像一个蛇体。13条蛇形线代表一年中13道关于恒星–月球绕行圈。12个菱形代表12个太阳会合月。边上的19个齿代表麦冬时期的19个太阳年，这是由两种月的节律形成的"。

裴德烈这里所说的就是十九年七闰的十二月阴阳合历。

这个释读非常到位,连同人头形盖钮的龙虎构形及其含义(象征东、西二宫星象),该人头虎面装器盖的构形及纹饰得到完整的释读。

2. 临夏出土半山类型十九年七闰器物

以上半山类型人头形器盖纹饰表达的内涵并不是孤立的,比如甘肃临夏出土另一件半山类型彩陶壶,其表现十九年七闰历法的意思更为明确(图5.16)。

该彩陶壶颈部饰网格纹,颈下至腹部双耳间饰三层露地圆圈纹(圆圈内为实心圆点)。上层12个圆圈点纹寓意一年十二月,下层24个圆圈点纹寓意一年二十四节气,中层19个圆圈点纹寓意十九年七闰历法。这些圆圈点纹及数量关系绝不是巧合所能解释。

图5.16 临夏半山彩陶壶

据彩陶专家蒋书庆教授研究,中层圆圈点纹在靠近一耳部的地方断开并以网纹相间,从网纹处右移至第5个圆圈点纹,其中"以一段短直线纹和小三角纹相切割,形成特殊意义的标记",它们"与三年一闰五年再闰的规律相暗合"。因此,可以认为该彩陶壶纹饰从多方面、多角度证明和寓意十二月二十四节气、十九年七闰历法的存在。

3. 广河出土半山类型彩陶罐

甘肃广河出土半山类型彩陶罐,距今约4300年(图5.17)。

外壁颈部与腹部各有一周宽带纹,宽带纹之间有两层圆圈纹。上层圆圈纹计10个合于十月太阳历及十日为旬数理;下层圆圈纹12个,又以相同数量的短线纹相间隔,其数合于一年十二月二十四节气。

图5.17 广河半山彩陶罐

第五章 科学：中国远古纹饰的内在美

圆圈纹其形如璧，可象征太阳，竖线纹则可寓意立杆测影。

红山文化器物纹饰记录的天文历法

红山文化是新石器时代北方地区的代表性文化，其纹饰整体风格倾向于简单、粗犷、大气。即使如此，其中也承载着各种天文历法的知识和文化内涵。

辽宁凌源三官甸子出土红山文化彩陶筒形器，中空无底，距今5000年前（图5.18；彩图41）。其外壁用黑彩绘六层相同的纹饰：每层有2个椭圆形纹，2个三角勾连纹，底边均靠在一周弦纹上，计其数椭圆形纹12个、三角勾连纹12个，合计24个与一年十二月二十四节气数相合。

所谓"三角勾连纹"实际是一个鱼尾形纹饰与一个小钩子形纹饰相连，叉形鱼尾纹见于半坡类型，小钩子纹见于庙底沟类型，红山文化受到两类型的影响，故叉形鱼尾纹的含义同于半坡鱼纹，是立杆测影的意象化表达，而小钩子纹是鸟纹的变形和简省，与心宿三星的物象（鸟）和意象化表达有关。故椭圆形纹寓意太阳或心宿二。

图5.18 红山文化筒形罐

河北蔚县三关遗址出土红山文化龙鳞纹彩陶罐，距今5000年前（图5.19）。其外壁饰有3组弧线带纹（即所谓"龙鳞纹"），相应地，口沿下饰有3个尖角朝下的着彩三角纹，正在3组弧形线纹内侧。每组弧线带纹阴阳纹各12条，3组弧线带纹计阳纹弧线36条、阴纹弧线36条，正好可用于纪十月太阳历一季两个月，而3个着彩三角纹则可纪一个月的三个节气（即彝族十月太阳历一个月的3个十二生肖周）。

内蒙古赤峰蜘蛛山遗址出土红山文化龙鳞纹彩陶罐，距今5000年前（图5.20）。其外腹壁饰3组弧线带纹，但弧线弯曲的角度自下而上渐次变小，直

— 171 —

至最内侧的弧线带纹变成"U"形,同时每组弧线纹的条数刚好比蔚县三关所出彩陶罐减少一半。即每组弧线带纹阴阳纹各 6 条,3 组合计阴阳纹共 36 条,可纪十月太阳历一个月,而每组弧线带纹内侧是一条竖直线"丨"3 组则为 3 条可用于纪一个月的三个节气。当然 3 组弧线纹每组阴阳纹计 12 条也刚好为一节气。

 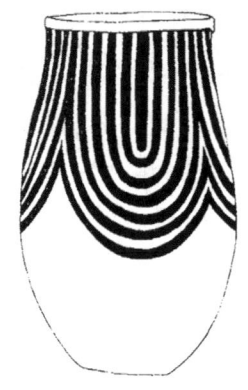

图 5.19　蔚县三关出土彩陶罐　　　图 5.20　蜘蛛山出土彩陶罐

第五章 科学：中国远古纹饰的内在美

长江中游：
汤家岗与大溪文化等
的科学知识

湖北松滋出土大溪文化陶球纹饰

湖北松滋桂花树新石器时代遗址出土一组大溪文化陶球，陶球依纹饰不同分为三式：

Ⅰ式（**标本 0431**）：考古简报说其纹饰为："双股锥刺纹组成米字格，有对称的八个极点，每极点处有一个小镂孔。"据简报给出的平面图（图5.21），所谓"八个极点"应该是只有4个才有小镂孔，另外4个是没有小镂孔的，加上正中央的小镂孔，一个纹饰单元应该是5个小镂孔，即东西南北中。整个陶球应该是有6个小镂孔，即东西南北与前后。

据给出的图片观察、分析，陶球首先是被互相垂直的双股锥刺纹等分为4瓣，再被一作为纬线的双股锥刺纹等分为8瓣（从给出的平面图观察和理解，靠近圆周线的双股锥刺纹应该与圆周线重合，否则给出的平面图与原件是不吻合的，存在绘图错误或不准确），然后在每个等边三角形的球面中心点引申一双股锥刺纹到三角上的极点（小镂孔），整个球面被均分为24个相同大小的等腰三角形。

陶球纹饰设计及球面分割的数量关系与"太极生两仪，两仪生四象，四象生八卦"及一年二十四节气的数量关系完全吻合（如果据报告说有"对称的八个极点"的话，则每个极点引出八道双股锥刺纹，可以表现"八卦生六十四卦"，但据平面图观察不是这样的）。

Ⅱ式（**标本 0405**）："由锥刺纹组成六根经线、一根纬线，相交处均有镂孔。另在相邻两格有对称的四个镂孔。两极点不对称，略有偏斜"（图 5.22）。

这种陶球的球面明显被 6 根经线和 1 根纬线划分为 12 份，与一年十二个月数吻合；对称的 4 个镂孔可能作穿系之用——这种陶球可能是小孩子的玩具，天文历法数量关系的设置也可以使它成为教具。另外，由于每个经纬线的交叉点以及经线南北极点都有一个镂孔，加上"对称的四个镂孔"总计十二孔，合一年十二个月之数，所以"对称的四个镂孔"可能不是随便设置的。

Ⅲ式（标本 0404）："由双股锥刺纹组成四根经线，交叉处有镂孔，因两极点不对称，下面又补了一道。"（图 5.23）这种锥刺纹设计也完全吻合"太极生两仪，两仪生四象，四象生八卦"或者"阴阳八卦"数理（锥刺纹都是双股的），以及一年四时八节历数。

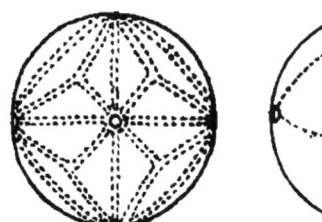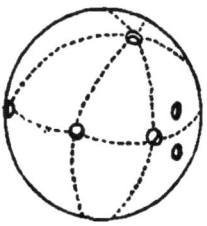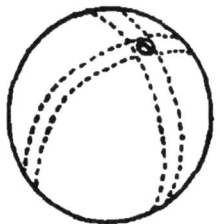

图 5.21-23　湖北松滋出土大溪文化陶球纹饰

长江中游地区其他器物记录的科学知识

长江中游地区新石器时代晚期以距今 6400～4600 年的汤家岗文化-大溪文化-屈家岭文化为代表，其刻画纹饰达到高峰。该地区反映史前科学文化的器物纹饰有些刻画复杂、内涵丰富，也有直观、简洁地表现古代天文历法内容者。以下略举数例：

1. 湖南安乡汤家岗遗址出土白陶盘

湖南安乡县汤家岗遗址出土汤家岗文化白陶盘，距今 6000 多年前（图 5.24）。其纹饰构图精致、繁复，内涵表达非常丰富。

第五章 科学：中国远古纹饰的内在美

该图案中心为八角星纹，由两个阴阳交午图形垂直交叉而成，寓意阴阳八卦。八角星纹中央四方框内饰一略呈"十"字形飞翔状的鸟纹，说明鸟在汤家岗文化中的重要性。

八角星纹内四正方向上均有一首两身呈"八"字形之蛇纹、四隅方向上各有一对蛇纹作矩尺形相背，皆寓意阴阳两仪四象八卦；八角星纹外四正方向上均有

图5.24　汤家岗文化白陶盘图案

一首两身蛇纹、四隅方向上各有一昂首曲坐式蛇纹，皆寓意阴阳两仪四象八卦。

八角星纹外有三周纹饰：由内至外第一周圈有8组椭圆形长点纹，其中4组均为三点合计12数合一年十二个月，它们呈四方位分布将其他点纹间隔成4组，又寓意四象八卦；第二周圈为6组鸟首纹，每个鸟首纹均是两鸟首相背作S形"并封"式寓意阴阳两仪，其中有3组鸟首纹总数为10合十月太阳历之数理，它们将其余鸟首纹又间隔成3组，合一卦六爻、三爻之数。

第一周圈长点纹计86数（3×4+14+18+21+21），第二周圈鸟首纹计58数（3+3+4+13+17+18），二者合计144数合《易传·系辞》"坤之策百四十有四"之数理，说明先秦文献传说和记载《归藏》易的有些知识在史前时代可能已经产生和存在。

陶盘最外圈纹饰似长城垛口，但外凹口内均置一圆点纹，应寓意日月星辰每日东升西落之天象，日复一日、年复一年，故作连续一周纹饰。

2. 秭归柳林溪出土陶支座上的刻画纹饰

湖北省秭归柳林溪新石器时代遗址共发现陶支座1000余件，大多刻画有纹饰、图案。有些陶支座刻画纹饰很复杂，也有刻画各种符号甚至成组符号的，它们可能具有类似于文字的功能。其中出土于遗址东一区的一件方柱直身陶支座就是这样。

据考古报告，其"顶面以小圆窝为中心，以四组双划线纹内戳印深峻的短条纹四分。两相对的分区饰相同的刻画'字符'图案。纹路（底部）有多次刻画痕迹，不规整。顶缘、柱面刻画短粗条纹"。

这个介绍过于简略，以下根据考古报告给出的陶支座顶面纹饰平面图进行解读（图5.25-26；彩图42）。

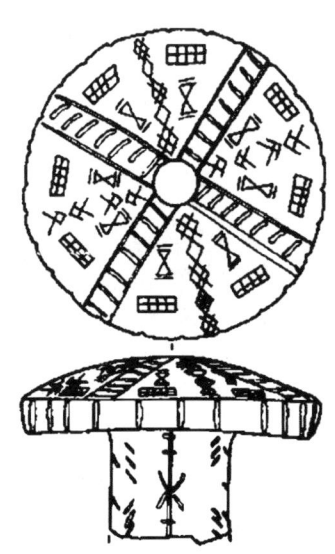

图5.25 秭归柳林溪直身陶支座（T0916⑧102）

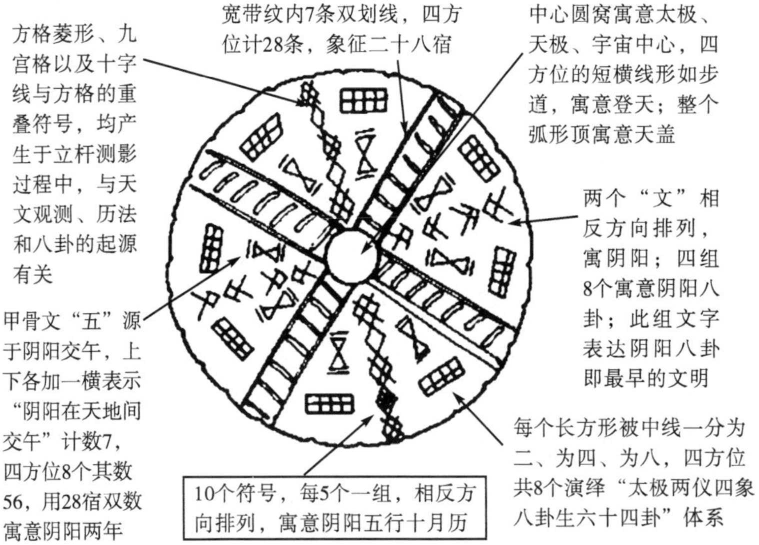

方格菱形、九宫格以及十字线与方格的重叠符号，均产生于立杆测影过程中，与天文观测、历法和八卦的起源有关

甲骨文"五"源于阴阳交午，上下各加一横表示"阴阳在天地间交午"计数7，四方位8个其数56，用28宿双数寓意阴阳两年

宽带纹内7条双划线，四方位计28条，象征二十八宿

10个符号，每5个一组，相反方向排列，寓意阴阳五行十月历

中心圆窝寓意太极、天极、宇宙中心，四方位的短横线形如步道，寓意登天；整个弧形顶寓意天盖

两个"文"相反方向排列，寓阴阳；四组8个寓意阴阳八卦；此组文字表达阴阳八卦即最早的文明

每个长方形被中线一分为二、为四、为八，四方位共8个演绎"太极两仪四象八卦生六十四卦"体系

图5.26 秭归柳林溪陶支座顶面纹饰解读

整个支座顶面是一个圆盘（弧顶），被画满短条纹的双划线十字形分为4个区间，平面图上左右两个区间的纹饰是完全相同的，上下两个区间的纹饰基本相同，仅有一个符号不同。但是纹饰布设的规律性不是以4个区间来表现的，而是围绕中心小圆窝既有四方八位关系的设置，更有圆周单元的整体性布局。

四隅方位上画满短条纹的双划线十字交叉形，每个方向是7条短条纹，合计28条，象征二十八宿。

支座顶面边缘一周有8个长方形条块（每个区间2个），每个长方形被中线一分为二、为四、为八，一周8个长方形条块总计被分为64个小方格，演绎古代文献所记载的"太极两仪四象八卦生六十四卦"宇宙观体系。

长方形条块与中心圆窝之间，有一周8个"⋈"形纹，即甲骨文数"五"（⋈）上下各增加了一条横线，表示"阴阳在天地间交午"计数为7，一周8个计数56，为二十八宿数的两倍，当寓意阴阳两年，8个符号一周也可以表示阴阳八卦。

支座顶面左右区间各有4个"文"字（按后来甲骨文字认读），两两相背排列寓意阴阳，8个则寓意阴阳八卦。

支座顶面上下区间各有一列5个大体相同的符号，为方格菱形、九宫格以及十字线与方格的重叠（汉代铜镜上还能见到），这些符号均产生于立杆测影过程中，与古天文观测、历法和八卦的起源有关。10个符号，每5个一组，相反方向排列，寓意阴阳五行十月太阳历。

支座顶面中心圆窝当可寓意太极、天极、宇宙中心，四方位寓意二十八宿的短横线形如步道，故可寓意登天。支座顶面为弧形，寓意天盖。

柳林溪文化晚于城背溪文化，早于大溪文化，是连接二者的桥梁和纽带。陶支座年代当在6500年前，应该是柳林溪人在祭神（天神）活动中使用的神器，而非一般用具。

3. 桂林甑皮岩遗址出土高领罐纹饰

广西桂林甑皮岩遗址是一处包含新石器时代初至中晚期遗存的洞穴遗址，其第五期遗存代表了距今8000～7000年间桂林史前文化的最高水平。

第五期的高领罐 K095，"领部饰两种刻画纹，一种为五线横或斜刻画纹，一种为单线横或斜刻画纹"。

据考古报告给出的线图，高领罐上五条横置平行线与五条斜置平行线相连为一组（图5.27），表现为对"五"数的崇拜或者具有确定性的"五"数概念，史前纹饰的这种表现一般都与阴阳五行十月历有关。

第五期的高领罐 KAT1：001，为"领部先饰多线竖刻画纹，每组六条，由上往下刻画，每两组为一个单元，然后单线刻画连续的山形图案，肩部先刻画连续的山形图案，然后在图案空白处横刻一组六线刻画纹，再在其上施单线竖刻画纹"（图5.28）。

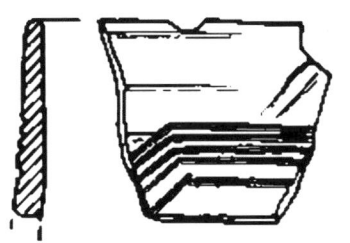

图5.27 甑皮岩第五期
高领罐 K095 纹饰

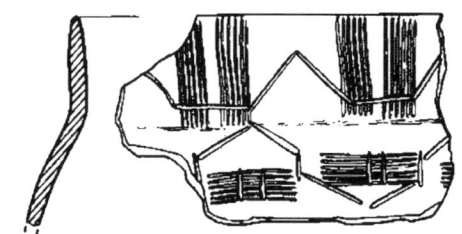

图5.28 甑皮岩第五期
高领罐 KAT1：001 纹饰

高领罐领部竖刻画纹每组6条、每两组为一个单元，这是明确将数12对分为两半，表现一年十二个月分上下（或者冬夏）两个半年；"然后单线刻画连续的山形图案"，表现年复一年循环不断的时间观念。肩部刻画连续的山形图案，在其相反方向的凹地刻画成组的平行六线纹，也构成阴阳上下半年不断循环的寓意。

需要说明的是，甑皮岩出土陶器除了成组成对的"五"数、"六"数平行线纹，并不见其他正整数的规律性的成组成对平行线纹，这说明成组成对的"五"数、"六"数平行线纹并不是一种巧合或者偶然。

第五章 科学：中国远古纹饰的内在美

长江下游：
河姆渡文化等古人类的科学知识

河姆渡文化出土七千年前十月太阳历器物

浙江余姚市河姆渡遗址第四层出土与十月太阳历有关的敛口陶釜、刻花陶盆各一件，距今 7000 年前（图 5.29-30）。

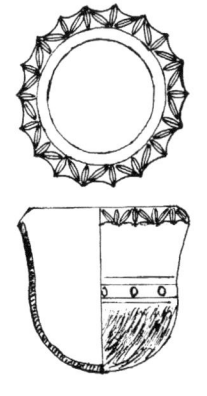

图 5.29 河姆渡出土陶釜

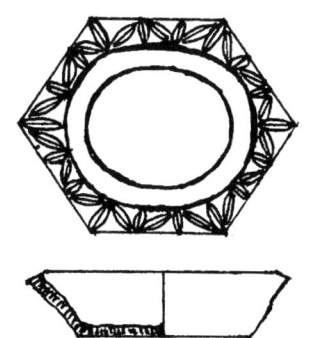

图 5.30 河姆渡出土陶盆

敛口陶釜口沿外侧为十八角形，上刻花纹（考古简报称为"树叶纹"）实为十月太阳历历数设计：陶釜口沿从尖角到沿内侧垂直刻画"树叶纹" 18 个，两两之间再斜刻"树叶纹" 18 个，合计一周 36 个，可纪十月太阳历一月。

陶盆平面为椭圆形，口沿外侧为六角形。该陶盆六角形口沿上每个角从

— 179 —

外沿到内沿垂直刻画一"树叶纹",每两个角之间从外沿到内沿又等距离垂直刻画两个树叶纹,然后每两个垂直刻画的树叶纹之间又斜刻一个树叶纹,合计一周垂直树叶纹18个、斜刻树叶纹18个。其纹饰形状、个数、布局完全同于陶釜,内涵表达也应该相同。

这两件纹饰设计合于十月太阳历历数的器物,不会是偶然出现的,它们是目前所知年代最早的确凿可靠的十月太阳历实物资料。

在我国东南部地区,河姆渡的历数器物也不是偶然的。

东南地区其他器物纹饰记载的科学文化

东南地区史前文化与其他地区一样,器物纹饰表现古代天文历法内容者常见。略举数例说明。

1. 龙虬庄遗址出土新石器时代彩陶钵

江苏高邮龙虬(qiu)庄遗址出土一件彩陶钵,"内壁有黑彩,口沿内侧绘道宽带纹,腹壁内侧绘4组足印纹、心形纹和变形人面鱼纹,腹壁与底交接处绘两道窄带纹,内填两道细线纹和小三角形网纹,底部绘弧线三角形网纹"(图5.31)。

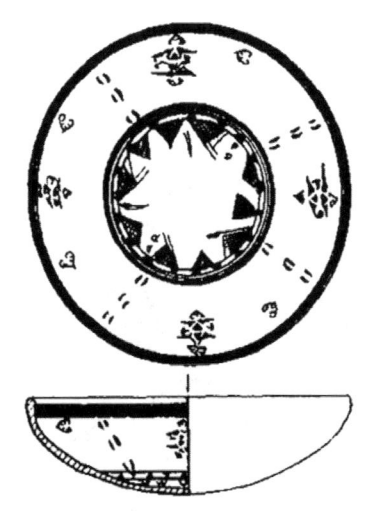

图5.31 龙虬庄出土彩陶钵

所谓"4组足印纹",即4组形如等号"="的双短线纹,分布在钵底星形纹与口沿之间。4组呈四方位分布,每组三对计12对24条短线纹,寓意一年四季十二个月二十四节气。4个心形纹则象征心宿在两分两至时的天象,是春夏秋冬的标志点。4个变形人面鱼纹也寓意四时。

钵底星形纹则寓意日月星辰。

2. 北阴阳营遗址出土新石器时代陶盆

江苏南京北阴阳营遗址出土一件陶盆,"内壁上部有两个用双线划出的六边形,交错重叠形成十二角形图案。口缘以下亦有双孔"(图5.32)。

据考古报告给出的平面图观察,十二角形图案为一大一小套叠在一起,因此它们当寓意一年十二个月二十四节气。

这种陶盆口缘下都穿有双孔,尚不知作何用。

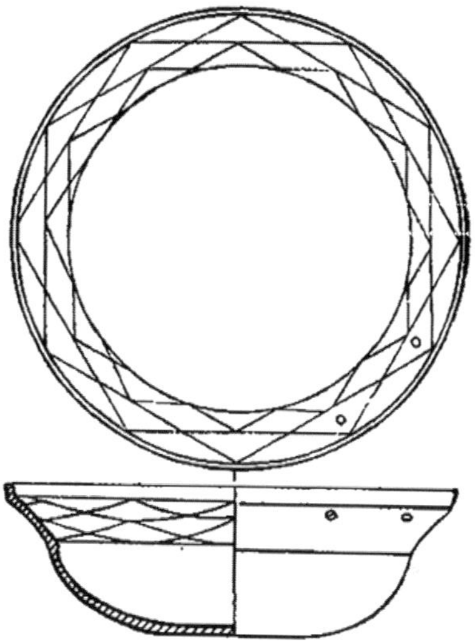

图5.32 北阴阳营出土陶盆

3. 庙前遗址出土良渚文化陶豆柄

庙前遗址系浙江杭州市良渚遗址群中的一个,其出土良渚文化陶豆柄常见明确的天文历法内容刻画,兹举例说明。

陶豆柄H3①:380,刻画圆形镂孔和交叉线组合纹饰(图5.33)。一个圆形镂孔配4组三画平行线纹——其分布呈现为四隅方位形式,寓意一年四季(每季三个月)十二个月;如以圆形镂孔为中心,则两侧各有4组三画平行线纹,寓意一年四季(每季三个月)十二个月二十四节气。

圆形镂孔寓意日月星辰。

椭圆形陶豆H3①:381柄部纹饰大体上同于H3①:380,不同的是4组三画平行线纹之间,间隔了4个弧边三角形(图5.34)。这种弧边三角形是心宿三星的图形化,因此与之相伴的圆形镂孔准确的理解应该是心宿二。

 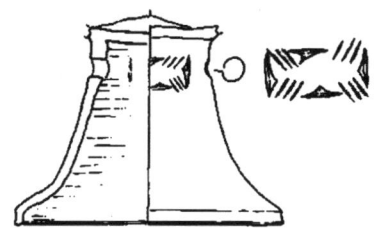

图 5.33　庙前出土陶豆柄残件　　　图 5.34　庙前出土陶豆刻画

第五章 科学：中国远古纹饰的内在美

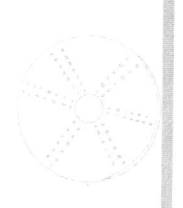

另类：
墓葬、房址与陶纺轮
记录的科学知识

史前墓葬随葬品记录的科学文化

通过墓葬随葬器物的组合关系及件数设置来表现天文历法或易学的一些基本数量关系，在新石器时代也是一种常见现象。举例说明如下：

湖南安乡划城岗遗址发现一批屈家岭文化墓葬，年代约4700年前。发掘者注意到，其随葬器物的组合和数量，均存在一定规律。如M63随葬陶鼎、簋、小簋、曲腹杯、甑各8件；M74随葬陶鼎、簋、曲腹杯各8件；M88随葬陶鼎、簋、曲腹杯、长颈壶各8件。这种对八数的崇拜和刻意表现当来自古人对四方八位、四时八节的认识和崇拜。

兰州王保保城址内一座马家窑类型墓葬，随葬器物12件，其中2件绿松石、10件陶器，10件陶器中又有8件为彩陶，陶盆、陶钵皆内外绘彩。此墓随葬器物可谓精心设计：8件彩陶合八卦八节，10件陶器合十月历一年月数，2件绿松石可寓意阴阳，12件器物合一年十二个月，器物组合又可寓意阴阳八卦、阴阳五行十月历。

青海民和核桃庄发掘的一座马家窑类型墓葬，随葬器物261件，其中彩陶36件，陶质细腻，制作精致，内中又有12件彩陶盆、瓶、壶为通体彩绘，而彩陶盆内又彩绘变形蛙纹。36件彩陶合十月历一月天数，其中12件通体彩绘者又合一年十二个月，这些刻意制作和表现的器物及其数量设计，绝非偶然巧合。

青海民和县核桃庄马牌村1979、1987年两次发掘马厂类型墓葬共62座，其中 M62 为椭圆形洞室墓。该墓随葬陶器 49 件、石器 4 件，前者为七的 7 倍（7×7）可能与北斗七星崇拜有关，后者合一年四季四时；49 件陶器中有彩陶 45 件、粗陶 4 件，二者分别合洛书四十五数、一年四季四时、四象八卦数。这些器物和数量关系当为特意设置，故 49 件陶器表达北斗七星崇拜可以肯定。

仰韶文化房屋遗址记录的科学文化

通过房基的结构以及柱洞设置等来表现远古天文历法、易学知识以及宇宙观等，在新石器时代不是很普遍，但也常常能够见到。以北橄遗址出土的一座庙底沟类型房址为例。

山西翼城北橄遗址出土庙底沟类型早期（距今 6000～5500 年）房址 F7，为圆形，面积达 25 平方米，是迄今所知该类型圆形房屋面积最大者。其墙基一周有柱洞 58 个，房屋中心偏南有一方形灶坑。该房址及柱洞结构特别：58 个柱洞位置奇怪，有单圈（排）柱洞，有双圈（排）柱洞，有两个挨紧成一组的，有单个距离较远的，也有三个成一组的。这些柱洞设置看似混乱，实则极有规律、规则（图 5.35-36；彩图 43）。

58 个柱洞明显可分南北两半，南部双排柱洞内 16 外 16 两两成一组共 16 组 32 个，为六十四卦数的一半。北部在东北方位也有一部分双排柱洞里外各 6 个也两两成一组共 12 个，合一年十二个月；西部和西北方位是单排柱洞，两两成一组共 5 组 10 个，合阴阳五行十月历数；正北偏西第一个柱洞（即图中编号为 9 者）独立于其东边双排柱洞和其西边单排柱洞，但将其加入东边双排柱洞数，和为 13 与太阴历一年月数相等（余下所有柱洞为 45 个，合于洛书四十五数）。正东有 3 个柱洞成三角形（内圈 2 外圈 1）与南部双排柱洞、东北部双排柱洞都相距得远远的，在整个房圈柱洞排列中显得十分特别和醒目，应是象征和寓意心宿三星。最后，房屋内的方形灶坑可寓意斗魁四方，所以它没有在房屋正中心即北极星位置。房屋外东部、东北部有大面积路土，但未发现门道。

第五章 科学：中国远古纹饰的内在美

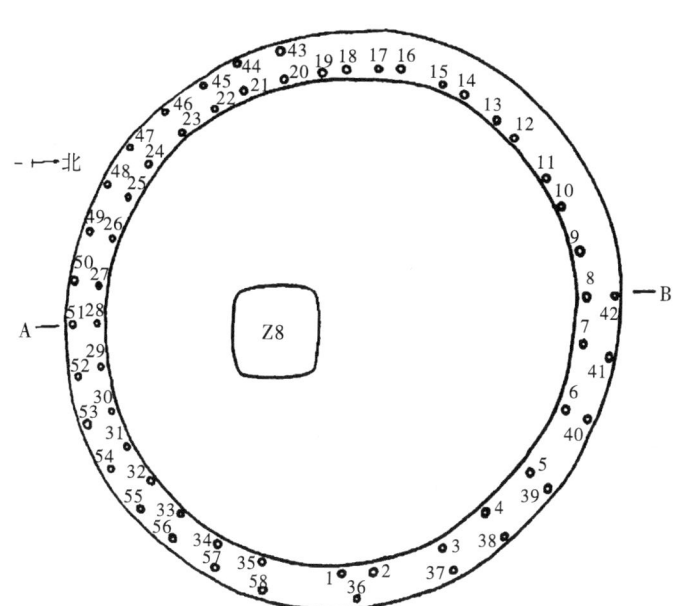

图 5.35 北橄出土庙底沟类型早期房址 F7

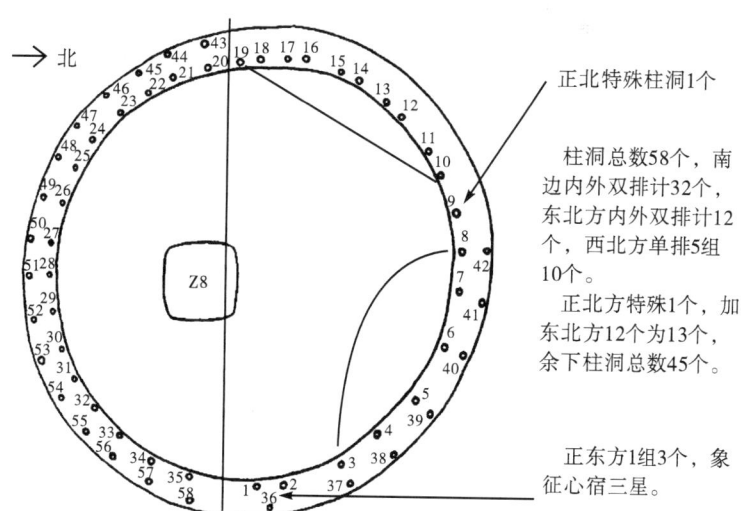

正北特殊柱洞1个

柱洞总数58个，南边内外双排计32个，东北方内外双排计12个，西北方单排5组10个。

正北方特殊1个，加东北方12个为13个，余下柱洞总数45个。

正东方1组3个，象征心宿三星。

面积25m²，屋外东部、东北部有大面积路土，但未发现门道。方形灶坑可寓意斗魁四星。

图 5.36 北橄出土庙底沟类型早期房址 F7 分析图

房内西部有一块 0.36 平方米的红烧土硬面,可能为祭祀所产生的烧土硬面。

新石器时代陶纺轮纹饰记录的科学知识

新石器时代陶纺轮纹饰设计表现天文历法知识也是常见现象,以下举例说明:

安徽蒙城尉迟寺出土大汶口文化陶纺轮,距今 5000 年左右。一件以纺轮的中心穿孔为圆心,刻画 24 道放射状光芒线纹,其表达一年二十四节气的意图很明显(图 5.37)。另外一件很严谨、规整地设计 4 组五画粗线纹,犹如毛笔书写,相邻两组之间互相垂直,整体上构成逆时针方向旋转模式(图 5.38);如果考虑前一件陶纺轮纹饰的天文历法内涵设计,那么后一件陶纺轮纹饰设计也可能与天文历法相关,即阴阳五行十月太阳历两年的月数,当然它也同时可以表现一年四季的轮回流转。

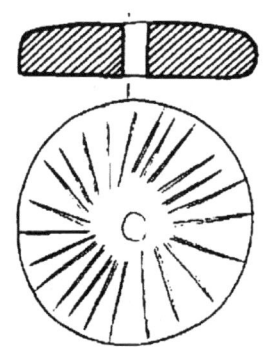

图 5.37 尉迟寺出土陶纺轮　　　　图 5.38 尉迟寺出土陶纺轮

龙虬庄新石器时代戳点纹陶纺轮,其年代距今 7000~5500 年。从中心穿孔引出的 6 组双排戳点纹,表现一年十二个月的意图很明显(图 5.39)。

青海柳湾出土陶纺轮,其中一件纹饰设计及其布局与龙虬庄陶纺轮几乎完全一致,虽然二者相差 1000 多年(图 5.40)。柳湾出土另外一件陶纺轮,

第五章　科学：中国远古纹饰的内在美

先用三画平行线纹连接中心圆孔四分圆面，再在每一个扇形区间画一个三齿梳形纹（图5.41）；此纹饰设计也明显表达一年四时八节、十二月二十四节气数理。

河南王城岗出土龙山文化陶纺轮，饰四组圆点锥刺纹分布四方位，每组6个计24个，寓意一年四季二十四节气（图5.42）。

这些陶纺轮存在于不同的时代、地区和不同的考古学文化，说明一年十二个月二十四节气的历法在新石器时代已经成熟，得到史前人类普遍和广泛的行用。

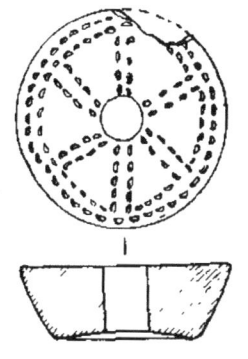

图5.39　龙虬庄出土陶纺轮

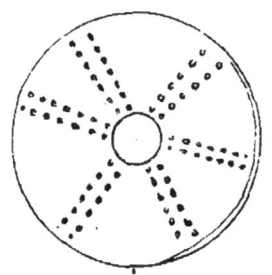

图5.40　青海柳湾出土陶纺轮

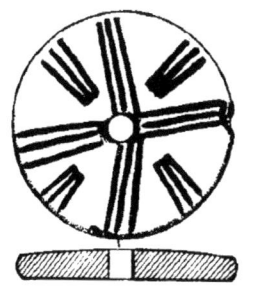

图5.41　青海柳湾出土陶纺轮

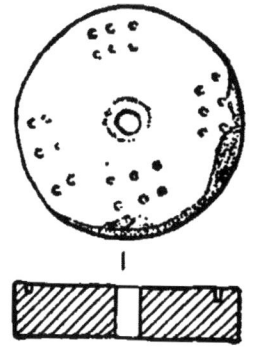

图5.42　王城岗出土陶纺轮

寻根：
距今一万年～七千年间遗迹遗物的隐秘

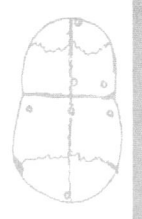

裴李岗文化是黄河中游新石器时代中期文化（距今 9000～7000 年），因河南郑州裴李岗遗址而得名，并且主要分布于河南腹地。一般认为裴李岗文化可分为裴李岗类型、贾湖类型、花窝类型三种。有的学者也将以舞阳贾湖为代表的遗存称为贾湖文化。

磁山文化主要分布于河北南部，与裴李岗文化大约同时代。二者有一些相同的文化因素，所以曾经有学者把它们视为同一个文化。考古学家栾丰实把中国新石器时代分为几个不同的时期，以裴李岗文化为代表的中国新石器时代中期被称为裴李岗时代。

根据迄今为止的考古发现进行研究，我们认为在裴李岗时代中国古天文历法已经成熟，本节主要介绍黄河中游裴李岗时代的天文历法成就。

贾湖遗址出土八千年前的器物装饰与刻画

河南舞阳贾湖遗址出土的史前遗存主要是距今 9000～8000 年的，其文化的先进性出人意料、令人称奇，如开始种植水稻、用野果酿酒、饲养家畜、人工制作的 7 孔骨笛已具七声音阶、龟甲刻画符号有些跟商周时期甲骨文类同等等。

贾湖第三期出土一件圜底陶釜，"上腹饰一周 28 个扁乳钉，分四组（每组 7 个），每组之间各装一个共 4 个短方柱状横置器把"（图 5.43）。

陶釜 28 个扁乳钉分四组（每组 7 个），而且每两组之间各装一个柱状把手，这种装饰令人想到二十八宿的周天分布。那么它们是否与表现二十八宿有关呢?

完整的二十八宿星名只见于春秋战国时代的文献和器物。但是贾湖出土的材料及其所反映的科学文化、思想文化大多数都不见于古代文献记载,个别可与文献记载相联系的年代也差得太远。因此,研究贾湖出土的材料还得有另外的方法。

著名科学家竺可桢曾计算,认为公元前4500~前2400年是二十八宿建立的理想年代,但是没有文献和考古证据,一直得不到承认。现在我们发现和解读出大量的考古材料,可以证明二十八宿在6000年前已经产生,竺可桢的计算并没有问题。

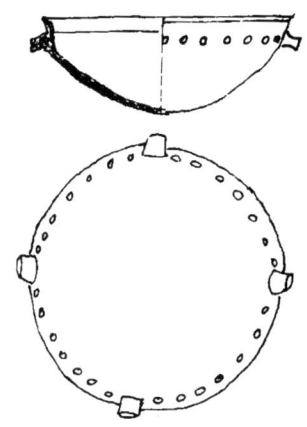

图5.43 贾湖第三期陶釜

由于天文学本身的发展和进步,关于二十八宿建立年代的研究也获得相关的进步与突破。

中国科学院国家天文台研究员赵永恒根据国际天文界确认的新岁差公式计算,认为二十八宿最理想的形成年代应该是公元前5670年左右(距今7670年前),而不可能是文献中有二十八宿名称记载的春秋战国时代或者公元以后。新岁差公式比原来竺可桢用的公式更加准确,其可靠性更高。

据《舞阳贾湖》报告,贾湖第三期的年代为距今7825~7450年,这个年代与计算年代吻合得非常好。结合考古发掘材料与天文计算,可以认为二十八宿的建立年代应该是距今7670年左右。贾湖这件陶釜是目前所见年代最早的与二十八宿数相合的器物。

贾湖出土龟腹甲钻孔的寓意

贾湖出土龟腹甲M363:13,上刻7个钻孔,粗看并无规律(图5.44)。龟甲在贾湖文化中是一种贵重器物,极少数大墓才葬有一个龟甲。在没有金

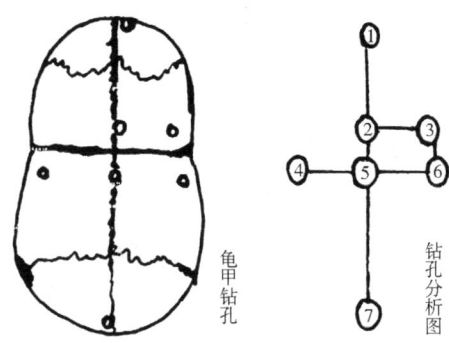

图 5.44　贾湖龟腹甲钻孔及北斗图

属器的 8000 年前，还在上面制作了 7 个规整的钻孔，它们有什么含义，为什么要那样安排呢？

新石器时代龟甲常被古人用作天盖的象征物，因此那些钻孔很可能与星象有关。

仅仅从外观上看，钻孔的位置安排也有一定的规律：无论横竖，它们大体上都在一条直线上。这样，我们只需在纵横即东西南北四个正方向上用线段将 7 个钻孔连接起来（也是古代星图的画法），于是立刻可以发现：

7 个钻孔表现的正是北斗斗柄指向东南西北春夏秋冬、四方四季的星象图示，即 2、3、5、6 孔构成斗魁，1、2 两孔，4、5 两孔，5、7 两孔分别构成斗柄，分别指向 3 个方位以及连续的 3 个季节，第 1 孔、第 4 孔、第 7 孔分别充当了北斗的第七星瑶光。三季已明，则第四个季节也明确。

至此，我们恍然大悟，贾湖龟甲为什么要钻 7 孔以及 7 孔的位置为什么要那样安排。这种设计确实非常巧妙，既形象、直观，又非常经济、准确，而且易记、易懂。

磁山文化遗物记录的天文历法

磁山文化以河北武安磁山遗址命名，其年代在 7000 多年前。磁山文化的典型器物陶盂，其外壁常见规律性的成组弧线形堆塑条纹，它们多与表现天文历法的基本数量关系有关。

例如一件1977年出土"叠连弧堆塑纹椭圆形陶盂"，其外壁弧形堆塑条纹每组4条，据所占位置比例判断，一周应该是3组，即总数12条，合一年十二月；一件1985年出土"直壁筒形陶盂"，为扁圆柱体，长径处外壁近口沿各堆塑一小弧形饰，形如对称双耳，正背各有3组弧形堆塑条纹，每组4条总计24条，与一年四季十二个月二十四节气历数相合（图5.45）。

图5.45 磁山文化陶盂

磁山遗址发现一处卵石堆砌S形遗迹，又有专门摆放的45处成组器物，年代在7000多年前。由于其附近均未发现墓葬，而是位于村落居址中，考古学者认为它们是祭祀遗存。我们认为，S形即太极图之简省，45处成组器物合洛书四十五数，二者均是难得的易学考古资料，极其珍贵。

第六章
艺术：中国远古纹饰的外表美

居里夫人说：科学非常美丽
套用这个句式，我们可以说
古代纹饰非常美丽
举凡美的外在表现
对称均衡和谐有序、简约新颖夸张大气
浪漫主义、奇思妙想、恢宏张扬……
凡美所有的形式，纹饰都有
有看得见的美，也有看不见的美——
有些时候，发现和欣赏美是需要能力的
对于古代纹饰而言，尤其如此

形简意赅：
远古纹饰的抽象简约之美

仰韶文化鱼纹、鸟纹的合体及其隐秘

鱼纹和鸟纹分别是仰韶文化半坡类型与庙底沟类型的标志性纹饰，二者形象、画法、含义各不相同。著名考古学家苏秉琦在论述半坡类型与庙底沟类型的关系时说"鱼变不成鸟，鱼也不会变成花卉"，就是说仰韶文化这两种动物纹饰各有自己的发展、演变轨迹和方向。但是在半坡类型进入衰败、消亡的晚期时段，鱼纹与鸟纹常常被结合、绘画成同一个纹饰。

仰韶文化鱼鸟合体的纹饰或者鱼纹、鸟纹同出于一件器物的情况并不少见，但将二者融会成一个单独纹样却是一种创新。如灵宝万村和洛阳孙旗屯出土的鱼纹仅有圆规状的Y形尾，其头部画成一个圆点（图6.1）。这种纹饰也可视为鸟纹，而更加准确和符合实际的可能应该称为"鱼鸟纹"，鸟的头、鱼的身，而且以鸟为主。

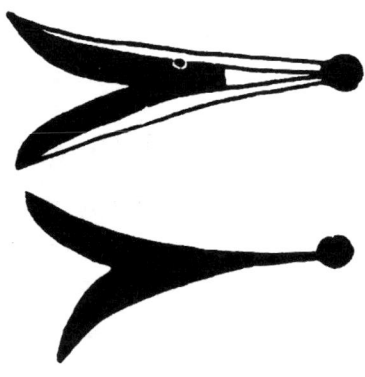

图6.1 灵宝万村和洛阳孙旗屯出土鱼鸟纹

这种纹饰简洁、形象地反映了两个类型的标志性纹饰，两个类型不同的崇拜物，以及两个类型的关系：半坡类型的鱼纹被肢解，庙底沟类型的鸟纹逐渐取代半坡类型鱼纹；半坡类型走向衰败、消亡，庙底沟类型走向繁荣和强势。半坡类型的立杆

第六章 艺术：中国远古纹饰的外表美

测影、阴阳交午崇拜已变成庙底沟类型的大火星崇拜，被同化后的半坡人近于彻底丧失自己的崇拜物。

这种纹饰不仅具有形式上的简洁，而且其文化内涵相当丰富，甚至是十分恰当、准确地反映了仰韶文化的历史变迁，尤其是如果了解它的演变历程和文化背景的话。

陕西榆林石峁出土牙璧的文化秘密

大汶口文化至龙山时代，有一种玉璧外缘带有 3 个牙状突起的奇特形状器物，清代《古玉图考》认为是一种天文观测仪器。经著名考古学家夏鼐研究，发现它们大多数都不能做天文观测仪器使用，认为它们还是玉璧，应该称为牙璧。

但它们到底做什么用，有什么文化寓意，却一直未见确切论证。

陕西榆林神木石峁出土牙璧，三个牙不见，代之以 3 组齿形纹（图 6.2）。什么意思呢？其中两组齿形纹每组 6 齿，合计 12 齿，另外一组齿形纹 7 齿，3 组齿形纹合计 19 齿。这些齿形纹的设计严密地吻合一年十二个月、十九年七闰以及北斗七星天文历法常数，绝不是意外和偶然。

它们可能意味着牙璧确实与古代天文学有一定关系，虽然不一定是观测仪器。

图 6.2　榆林神木石峁出土璇玑

石峁出土牙璧纹饰的天文历数设计以极其简洁、合理的方式表达丰富的天文历法内涵，可以说将纹饰的功能发挥到了极致。这种方式为文字表达所不及。

— 195 —

石家河文化陶纺轮与齐家文化单耳罐的线条美

湖北房县七里河出土石家河文化陶纺轮,一面刻画十字形将圆面等分为4个扇形,一面刻画米字形将圆面等分为8个扇形(图6.3),体现出真正的简约风格,具有简约之美。

如果熟悉中国史前文化的特征,可以知道这种刻画是可能与思想和观念有关的,即它们可能象征一年四时八节。

甘青地区齐家文化出土单耳罐,其颈部绘三道弦纹,弦纹上是一周折线纹。腹部用成组平行线绘交叉线纹,一周有多组这种交叉线纹(图6.4;彩图44)。整体上,单耳罐纹饰显得简约大气,具有线条美。

如果对中国史前文化比较熟悉,知道纹饰记载和传播文化的特点,单耳罐腹部这种大型交叉线纹,其实就是阴阳交午图形×,与立杆测影、天文观测有关。

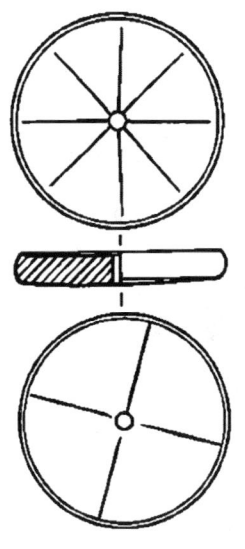

图6.3 七里河出土陶纺轮

图6.4 齐家文化交叉线纹单耳罐

马厂类型彩陶盘的车辐式放射性线条纹

甘肃兰州下海石出土马厂类型双耳彩陶盘,其"内壁打磨光滑施紫红色陶衣,并用黑彩绘制放射性线条纹"。这些放射性线条纹的画法是:先画十字形将陶盘内壁圆形一分为四,然后在每个扇形区再画 3 条放射性线条纹,将其一分为四。整个彩陶盘纹饰在一个圆形内,平面视图犹如车辐,具有一种均衡、简约的美感(图6.5)。

彩陶盘放射性线条纹的结构和画法,反映了它其实与天文历法有关:十字形线条纹将圆面一分为四,合一年四季;每个扇形区间画 3 条放射性线条纹计 12 条,合一年四季十二个月。

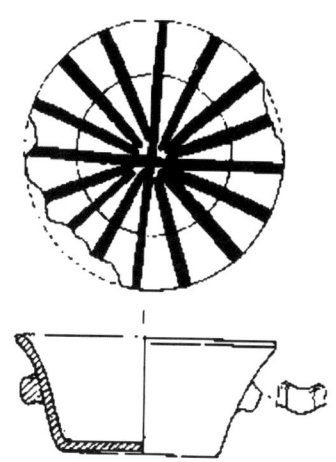

图6.5 下海石出土双耳陶盘

彩陶盘放射性线条纹也可以从另外一个角度看,它们自盘底中心至盘口,一共是 16 条,将盘内壁分割为 16 个区间。古代曾盛行一日十六时制,彩陶盘纹饰也可以表现这个内容。

大河村类型彩陶壶夸张变形的鸟纹

河南禹县谷水河出土大河村类型彩陶壶,除腹中部绘一变形鸟纹外,其余光洁无纹(图6.6)。其绘画程序是:先用白彩在腹中部画一道弦纹,再画两个近距离大致平行的弧线弯钩纹,外用黑彩钩边。简省得不能再简省。

图6.6 谷水河出土彩陶壶

此纹饰实即庙底沟类型和马家窑文化中常见的鸟纹之变形,俯视即一鸟形绕陶壶圆腹一周作顺时针飞行,横视则飞鸟引颈展翅、拉长了身体在长空中远途跋涉。因为疾飞疾行、尾羽上翘,极其夸张,故鸟首省略。

此器纹饰实为彩陶绘画中典型的白描、写意佳品,夸张浪漫,充满了想象空间。当然它反映的也是对心宿三星及其物象——鸟的崇拜与歌颂。

石岭下类型尖底瓶的抽象性鸟羽纹

甘肃庄浪县曹家坪出土石岭下类型尖底瓶,瓶身上部刻画一周网格纹,下部刻画三周成组竖线纹,皆淡雅。网格纹上用白彩绘一周羽状纹,形如招手的动作(图6.7)。白彩羽状纹简洁得不能再简洁,同时又让人感觉极其抽象。

羽状纹象征鸟,是对鸟纹的抽象与简省,而鸟又是心宿三星的物象——所以羽状纹的寓意竟然是心宿、火历!每个羽状纹为端头相连的三段平行弧线,也寓意心宿三星。

总之,纹饰高度简洁、简化,但万变不离其宗。

图6.7 庄浪出土尖底瓶

第六章 艺术：中国远古纹饰的外表美

恢宏张扬：
远古纹饰的夸张
大气之美

中国文化的气质和特征，由于南北方地理、气候等因素的影响，北方以粗犷、大气为主，南方则以精致、玲珑为要。远古纹饰也有这种倾向。

赵宝沟文化、红山文化等北方新石器时代文化的典型陶器筒形罐，以及陶器上的之字纹，都具有简洁、大气的特点；仰韶文化、龙山文化陶器饰"五花大绑"式附加堆纹，显得粗犷、豪放、厚重，为史前纹饰中少见。

马家窑文化彩陶纹饰的大气象大格局

马家窑文化彩陶纹饰，也以粗犷、大气的视觉冲击力给人以深刻印象。

甘肃广河出土半山类型彩陶罐，通过"垂幛纹"塑造富丽繁华、恢宏张扬的色彩世界和图案效果——俯视则为团花（图6.8-9）。其口沿内以"垂帐纹"和蛙肢纹构画七角星纹，口沿外从颈部到腹部双耳以下多达十重"垂帐

图6.8-9 甘肃广河出土半山类型彩陶罐纹饰及其俯视图

— 199 —

纹"——所谓"垂帐纹",实际是一周十一段弧线纹或锯齿形弧线纹。

甘肃天水师赵村六期彩陶钵(采02),其内彩用重叠矩尺纹构成十字形,视角上给人以"直、方、大"(《周易》坤卦爻辞)的感觉,宛如通衢大道(图6.10);西山坪六期彩陶钵(T20②:7),其内彩则以圆弧表现恢宏、大气——器壁的七组弧线纹形成反旋(逆时针旋转),犹如银河世界、宇宙星空的旋动,底部被双线纹划出十字分区的圆形犹如日月星象,整个纹饰体现了动与静的关系(图6.11)。

这两种纹饰都是在一个窄小的空间范围内表现出宏大、宏伟的景观和气象!

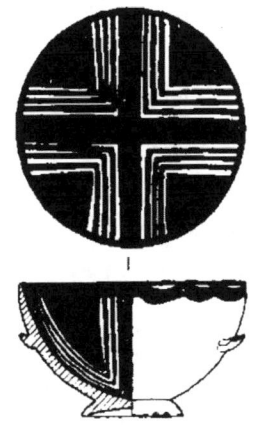
图6.10 师赵村六期彩陶钵

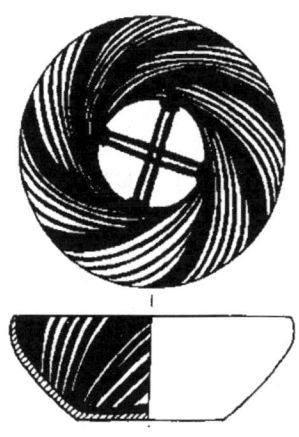
图6.11 西山坪六期彩陶钵

半坡类型彩陶瓶双鱼纹的夸张浪漫

甘肃秦安王家阴洼出土一件仰韶文化半坡类型瓶形器,上饰一对写实的鱼纹,但是极尽夸张(图6.12;彩图45):

双鱼呈翻腾跳跃式,表现的是群鱼跃出水面的欢腾场景。左边一条头部向左,身体弯曲成U形;右边一条头部向上,鱼纹口部已经超过陶瓶的口部,身体在颈腹部弯折成 90°的直角——相比左边的鱼纹，在现实中其弯曲难度更大。

这种夸张浪漫、写实带写意的鱼纹，在半坡类型大量的鱼纹中是罕见的——绝大多数半坡类型鱼纹（包括人面鱼纹）、抽象鱼纹都画得非常机械、刻板，甚至给人冷漠的感觉。

王家阴洼这例鱼纹犹如冲破牢笼、获得新生的生命，那种自由奔放甚至张扬张狂无我的境界，无疑是对生命、自由、力量之美的赞颂与讴歌。

图 6.12　秦安王家阴洼出土双鱼纹瓶形器

大汶口文化彩陶鼎旋涡纹的浩瀚气象

山东广饶五村出土大汶口文化彩陶鼎，腹部除了两个对称的鋬，就是两个反 S 形的大旋涡纹（图 6.13；彩图 46）。此纹饰将同心圆纹、旋纹、反 S 纹三者结构在一起，而且在黑色地上用红、白两色相间绘画。

反 S 形的两个弧弯内绘画同心圆纹，中心为圆点，其外一红一白大小两个同心圆圈；两个红色圆圈用红色的反 S 纹连接在一起，其外再用白色勾边，形成更大的反 S 纹。整个陶鼎腹部的半面就绘画这样一个纹饰，陶鼎腹部上小下大，稳定感极强，配合这样一个大型旋涡纹、反 S 纹，塑造出背景厚重、稳固，纹饰大气磅礴的效果。

此器纹饰的独特之处在于：一个纹饰所占器物面的广大、多种同类或相关纹饰

图 6.13　山东广饶出土大汶口文化彩陶鼎

组合为一个新的纹饰、多种色彩绘画一个纹饰,这些在中国远古纹饰中都是罕见的。

屈家岭文化筒形器高耸入云的宏伟气象

具有恢宏大气风格的纹饰当然并不仅仅见于北方,南方也不缺乏。

湖北天门邓家湾出土屈家岭文化、石家河文化陶纺轮以阴阳两仪太极图著名,这种图案具有简洁、大气的特点,也因为它们反映一年中的季节变化、阴阳消长、冷暖关系。

邓家湾出土屈家岭文化筒形陶器H28:1、H28:2、H28:3,分别饰附加堆纹21圈、20圈、19圈(图6.14-16)。这种陶器外观犹如巍巍耸立的宝塔,又如高耸云霄的塔楼,颇具震撼性。

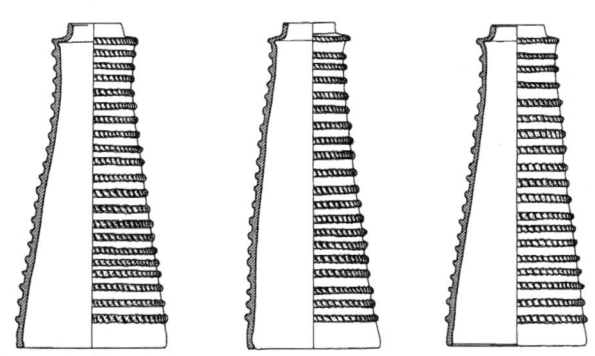

图6.14-16 邓家湾出土屈家岭文化筒形陶器一组

第六章 艺术：中国远古纹饰的外表美

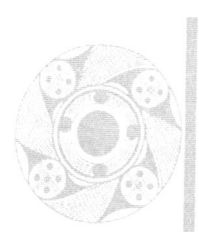

对称整齐：
远古纹饰的均衡
规整之美

对称给人以平衡感，整齐给人以秩序感，均衡给人以稳定感，它们都能给人的心灵带来安宁与祥和，给人以美的感觉和享受，因为它们本身就是美的。

无论古代还是现在，纹饰或者图案设计大多数都追求或具有对称、整齐、规范的美学特征，可能这是纹饰和图案设计中首要的追求和普遍的美学原则，无论古今还是中外。

远古纹饰大多数都具有对称、整齐、规范的特点，但是完美的对称、整齐、均衡常常是通过多种形式的纹饰结构和布局来完成的。这里介绍一部分马家窑文化彩陶纹饰。

甘肃永登出土马家窑类型彩陶壶纹饰欣赏

甘肃永登出土马家窑类型彩陶壶，细颈广肩，其纹饰十分繁缛却十分整齐、规整（图 6.17-18）：除颈部 3 道粗弦纹、腹部一道粗弦纹 7 道细弦纹外，纹饰主要绘画在宽广的肩部。以颈部为同心圆，可分内外两圈：内圈在一道粗弦纹内画数道细弦纹，细弦纹上压 4 个均匀分布四方的大圆点纹。外圈 4 组纹饰分布四方位，每组以一个璧形纹为中心，其两侧各紧靠一个着色弧边三角形，每两组纹饰之间饰同样的成组平行斜线纹。璧形纹内用两组四画平行线垂直交叉构成十字形，其 4 个夹角内各填一个较小的圆点。

俯视彩陶壶，颈部、腹部弦纹不见，肩部纹饰构成一幅规律性极强、丰富多彩、华美灿烂的史前图案，它充满了旋律般的动感又极其规整、整齐，堪称史前纹饰之美的代表作。

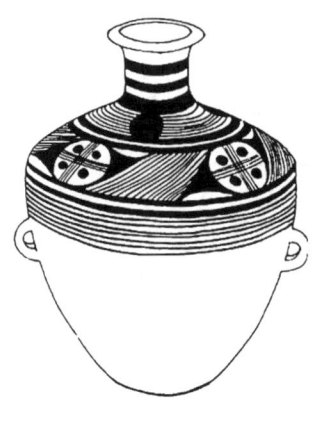
图6.17 永登出土彩陶壶

图6.18 永登彩陶壶俯视图

马家窑文化的彩陶罐，其最大腹径一般在腹部中段，纹饰也常常制作在彩陶罐腹部的上半段。这些陶器纹饰最适合的观看角度就是俯视，俯视基本上能够看到全景。可以认为这些陶器纹饰的制作主要是为俯视而产生，是从俯视的角度而设计的。这可能与彩陶的放置一般是地面或者远低于人体高度有关。

因此，这些彩陶罐的俯视图一般都是以圆形口部为中心的圆形图案，因为对称、均衡、完整、圆满而极具观赏性——口沿内侧或外侧常饰一周锯齿纹，可能寓意日月星辰的光芒。

半山类型彩陶罐纹饰欣赏

半山类型彩陶罐1（图6.19）：以两条露地正倒相间三角纹构成的弧线形旋臂，将陶罐上半部一分为二，然后在每一半都构画数量相同的两种不同旋臂，一种是露地的菱形长方块构成，一种是双股锯齿纹。这样，陶罐上半部就有三种16条旋臂，呈逆时针方向旋动。每一种旋臂都具有对称关系，整齐中有变化，变化中有严谨、对称。

半山类型彩陶罐2（图6.20-21）：口沿内侧一周纹饰，用6条短直线等

第六章 艺术：中国远古纹饰的外表美

分，短直线之间画半月形和弧线纹，弧弯朝上——因为侈口，俯视可以看到口沿内侧的六角形图案。陶罐颈部饰一周锯齿纹，腹部中段双耳位置饰一周波折纹，颈部与腹部双耳之间在粗弦纹框出的上腹部构画陶罐的主体纹饰：

图 6.19　半山类型彩陶罐 1 俯视图

图 6.20　半山类型彩陶罐 2 侧视图

围绕颈部一周用黑彩衬出 9 个露地三角形，犹如光芒四射；紧靠三角形的是一周 9 个菱形纹，也用大片黑彩衬出地纹线——每个菱形纹内再画 4 个内圆外方的璧形纹组合成一个田字形，计 36 个璧形纹合十月太阳历历数；外周是 9 个叶形纹及尖角朝上的 9 个三角形——与颈部的三角形构成阴阳交午图式⊠。故陶罐腹部主体纹饰可以视为 9 个阴阳交午图形被 9 个菱形所断开的图式——其根源可上溯至半坡类型人面鱼纹盆的网格纹。

图 6.21　半山类型彩陶罐 2 俯视图

整个陶罐纹饰轻重主次分明，用浓墨重彩突出露地阴阳交午图形⊠和露地田字纹，既有深厚的文化渊源，又具有大手笔、大气派的风格特征。

马厂类型彩陶罐纹饰欣赏

马厂类型彩陶罐1（图6.22）：其肩部一周用粗弦纹画出围绕口部的纹饰带，同时在纹饰带上用粗线条勾勒六角星纹，其空白间填以网格三角形。腹部双耳之上画一道细弦纹，细弦纹与肩部粗弦纹之间用折线勾勒出六角星纹，与肩部六角星纹相应。整个纹饰大方、简洁、规整。

马厂类型彩陶罐2（图6.23）：肩部与腹部用同心圆的弦纹和锯齿状弦纹分隔，然后在肩部一周构画向内向外的11个三角形，在腹部一周构画向内向外的12个三角形。陶罐俯视图形成口部、肩部一周、腹部一周多重圆圈纹与多重光芒纹，感觉富丽繁华、重峦叠嶂。

马厂类型彩陶罐3（图6.24）：这是一个单耳罐（下方白色部分为耳），肩腹部连通构画一周6个长条形网格纹，网格纹外用阴阳双线纹围护。网格纹之间，除器耳及其对称的方位，其余4个方位均用露地锯齿纹构成多重拱门形纹饰，形如不断放射的光芒。此器纹饰具有透视效果，近景是陶罐口沿的锯齿纹（器口内还有成组平行线构成的三角纹，具有纵深效果），中景是6个长条形网格纹，远景是4个多重拱门形纹饰。由于有一个器耳，其对称的方位没有画多重拱门形光芒纹，而是用一条折线纹虚晃而过。充分说明了其构图的对称意识。

马厂类型彩陶罐4（图6.25）：肩腹部连通构画一周10个角形纹，其空白间填以尖角朝上的网格纹。角形纹内是10个露地三角形，其尖角向外整体上构成光芒纹。加上口沿的锯齿状光芒纹，此陶罐纹饰的俯视图就形成了多重外放的光芒纹。由于网格纹以及口沿光芒纹地纹的光亮效果，加上严谨、对称、规范的构图，导致此陶罐纹饰视觉效果极佳，予人明快清新、赏心悦目的享受。此陶罐纹饰也当是史前纹饰之美的典范作品。

第六章 艺术： 中国远古纹饰的外表美

图 6.22-25 马厂类型彩陶罐纹饰一组（俯视图）

疏密有致：远古纹饰的结构和谐之美

新角度：仰韶时代的彩陶旋纹

远古彩陶纹饰传播和影响最广者当推仰韶文化庙底沟类型彩陶的主要纹饰"圆点、勾叶、弧边三角形"，其传播和影响及于庙底沟类型同时代的仰韶文化所有类型，外围还包括黄河下游的大汶口文化、黄河上游的马家窑文化、长城以北的红山文化以及长江中游的大溪文化、屈家岭文化等。

这种"圆点、勾叶、弧边三角形"纹饰，组合形式和图案样式变化多端，常有让人满目繁花、眼花缭乱的感觉。经考古学家王仁湘研究，其地纹大体上都是旋旋，从旋纹的角度看，则是满目旋动的旋律。王仁湘认为这种纹饰构图十分严谨、清新秀美异常。

1. 大河村文化彩陶纹饰欣赏

郑州大河村遗址出土仰韶文化第三期彩陶钵，其肩腹部纹饰为黑彩白地绘画，清新明丽（图 6.26-27）。肩腹部一周共有三组同样的纹饰：

以黑色圆点纹为中心，两侧各绘一个黑色弯月形呈互抱形式，外围再各绘一个黑色弧边三角形互相对称（即庙底沟类型彩陶的主要纹

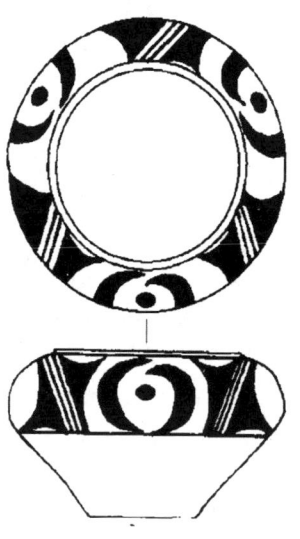

图 6.26　大河村出土彩陶钵

饰"圆点、勾叶、弧边三角形"),其地纹则是白色的双旋纹,以黑色圆点纹为旋心,呈逆时针方向旋动。每两组纹饰之间再以两条(或一条)黑色的平行斜线(地纹为三条或两条白色平行斜线)间隔。

据研究,这种纹饰的地纹、阳纹都一样重要,甚至地纹可能比阳纹更加重要,可能是古人绘画纹饰需要表达和表现的重心所在。

图 6.27　大河村出土彩陶钵

2. 大汶口文化彩陶纹饰欣赏

山东邹县野店采集大汶口文化彩陶钵肩腹部纹饰,除了"圆点、勾叶、弧边三角形"的组合外,还有叶形纹饰(四正方位)和串联两个圆点纹(加叶形纹靠陶钵口沿一端的圆点纹则为 3 个)的长线纹(四隅方位)。它们与地纹组合在一起,便出现繁花似锦、令人眼花缭乱的效果(图 6.28),其实它们的文化内涵与花基本上没有关系。

图 6.28　邹县野店采集大汶口文化彩陶钵纹饰及其俯视图

这些纹饰之协调美观，实源于其内在的和谐与科学性，而非仅仅由于绘画的原因，更与自然界的植物、花卉没有什么关系。

其他样式的彩陶纹饰欣赏

1. 庙底沟类型彩陶纹饰欣赏

河南陕县庙底沟遗址出土彩陶钵花瓣纹，给人以满目繁花似锦的感觉（图6.29-30）。这种"花瓣纹"其实只是一种表象，对它们的认识和欣赏如果仅止于此，我们实际上只是被表象所迷惑了，会导致我们对远古纹饰的误读。

图6.29　庙底沟遗址出土彩陶钵

图6.30　庙底沟遗址出土彩陶钵纹饰展开图

这种"花瓣纹"的纹饰构件其实只有两种：弧边三角形与圆点。整个纹饰都是由这两个元件构造出来的，知道这两个元件的意思，所谓"花瓣纹"的文化内涵和创作意图就迎刃而解。根据这两个纹饰元件，制作者通过不同的组合、结构方式以及变形和地纹，就表现出繁花似锦令人眼花缭乱的"花纹"效果。

如弧边三角形的底边拉直，相邻的几个弧边三角形就会构成菱形、阴阳交午图形等。深入解读，它们的文化内涵和背景当是深厚的，而非仅仅肉眼所见单纯的花纹。

2. 马家窑文化彩陶纹饰欣赏

马家窑文化彩陶瓶1（图6.31；彩图47）：盘口，细长颈，广肩，斜直腹，全身绘制彩画，不留一点空白。颈部和斜直腹的下半段，多用弦纹；颈部弦纹上加圆点纹，斜直腹的弦纹犹如有弹性的绳索被插进一个露地璧形纹，致其凹陷变形，立体感超强。肩腹相接部以露地璧形纹为中心，绘制多组旋纹和弧边三角形，旋纹用成组弧线绘画，弧边三角形用成组弧线镶边，甚至这种成组弧线是两种纹饰所共用的。根据纹饰在彩陶瓶上所占位置、面积等因素可知，旋纹、弧边三角形、璧形纹是被突出的纹饰。

马家窑文化彩陶瓶2（图6.32；彩图48）：甘肃陇西吕家坪遗址出土尖底瓶，除了尖底部分，全身饰彩。其颈部和腹部尾端饰弦纹，肩腹部以上中下三个露地璧形纹为中心，围绕璧形纹绘画多个旋臂的旋纹——这种旋臂形如花叶，一般由多条弧线组成，所以围绕璧形纹的旋纹也像旋转的花叶纹；旋臂之间的空白则绘画弧边三角形，所以多条弧线组成的"花叶纹"是共用的，它们也是弧边三角形的镶边纹饰；每个弧边三角形的中心都绘画一个露地圆点纹。彩陶瓶纹饰的主题仍然是旋纹、弧边三角形、璧形纹。

这两件彩陶瓶纹饰主题突出、色彩艳丽，纹饰单元大小得宜、主次分明，富于立体感并充满了动感旋律，其大面积的全身饰彩和精心制作，给人以琳琅满目、尽情展示的视觉和心理享受。

图6.31　马家窑文化彩陶瓶

图6.32　吕家坪出土尖底瓶

3. 雕龙碑出土空心陶球纹饰欣赏

枣阳雕龙碑三期出土彩陶空心陶球，纹饰可分为上中下三区（图6.33）：

上下两区互相对称，主要是各种形式的弦纹；中间区域用两道粗弦纹规划出纹饰带，先用三条平行竖线纹将纹饰带一周分隔为几个区间，然后在各区间绘画粗线条的叉形×作二方连续排列，这样就构成露地阴阳交午图形夹露地菱形的二方连续排列纹样，最后在露地菱形及其与竖线纹相靠的露地三角形内填一个圆点纹。中间区域的纹饰与河南郑州大河村类型某些彩陶钵纹饰可能有密切的文化关系。

如果将陶球视为地球模型，那么雕龙碑三期这件空心陶球及其纹饰将变得非常有意思，感觉很适合做电视台的图标。其侧视图是一个虚拟的地球，上下对称的横道分别象征地层和海洋平面，中间纹饰带对称的三角形和菱形犹如视窗，其间的圆点纹象征观察世界的眼睛。其俯视图以一个圆点纹或光盘图像为中心，象征信息源；外围多重同心圆犹如电波的扩散，象征信息往各个方向和角落的传播。

图6.33　枣阳雕龙碑三期出土彩陶空心陶球

彩陶纹饰的外观美与其结构美密不可分

1. 彩陶纹饰的外观美与结构美

有些纹饰图案初看不是那么有规律或者感觉杂乱无章，在视觉和观感上不能一下子判断出它的规律性或者美妙之处，但是仔细审读或者读懂之后，你会发现它们都是和谐的、具有美感的，凝聚了制作者的匠意和匠心。

如陕西华县元君庙遗址出土半坡类型彩陶盆M420：5，其口沿绘黑彩三角形与短线纹的组合（图6.34）。初看之下，虽然黑彩三角形与短线纹似乎都构成对称关系，但是它们的画法与排列并没有遵守一致的规律与秩序，给人以杂乱无章和不知所云的感觉。仔细审读，会发现它们还是非常严谨的绘画与排列：如果以 A 所在的短线纹为一端点作彩陶盆口部的直径线，则所有的纹饰都以这条直径线为对称轴，具有完全对称关系。

再如半坡遗址出土 P.4696 彩陶盆口沿纹饰，它与元君庙出土彩陶盆 M420：5 口沿纹饰具有相同的风格与特点（图 6.35）：同样以 A 所在的鱼形纹中分点为一端点作彩陶盆口部的直径线，所有纹饰都以这条直径线为对称轴，具有完全对称关系。

这些图案的设计与绘画其实十分严谨，如果结合地纹和纹饰反映的数量关系分析，它们应该都具有严密、确定的文化内涵表达，而不仅仅是装饰性质的绘画。

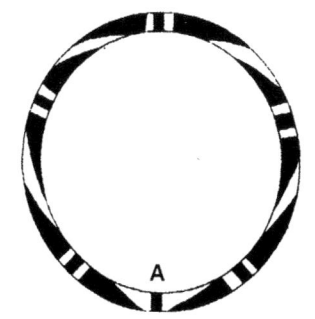 

图 6.34　元君庙出土彩陶盆口沿纹饰　　图 6.35　半坡 P.4696 彩陶盆口沿纹饰

2. 彩陶纹饰的结构过程

彩陶纹饰表现的和谐之美，可以通过分析其纹饰结构与绘画的程序来了解。

如有学者对甘肃吕家坪遗址出土尖底瓶以及一件马家窑文化彩陶盆纹饰的绘画过程做了分析与说明（图 6.36-37）：一般是先规划纹饰单元的构成与定位，再围绕核心纹饰或定位点来进行结构，最后完善完成。

图 6.36　吕家坪出土尖底瓶纹饰绘制过程示意图（郎树德、贾建威）

图 6.37　马家窑文化彩陶盆纹饰绘制过程示意图

第六章 艺术：中国远古纹饰的外表美

蹊径独辟：
远古纹饰的新颖
别致之美

新石器时代器物纹饰及器型在我们今天看来，它们绝大多数都是造型别致、样式新颖，具有独特风格特征、令人耳目一新甚至出乎意料的艺术品。

著名的半坡人面鱼纹、河姆渡文化"双凤朝阳"牙雕、大汶口文化黑陶高柄杯及鸟形器陶鬹、红山文化"并封类"玉器、含山出土"并封"玉器（图6.38；彩图49）、良渚文化玉琮及其他各型玉器，等等，其造型或纹饰都具有新颖别致之美。

图 6.38　安徽含山出土"并封"玉器

不同时空范围的考古学文化，一般都各有一些区别于其他考古学文化的代表性器物与纹饰，如仰韶文化半坡类型流行鱼纹和平行线纹、庙底沟类型流行鸟纹和弧边三角形、马家窑文化流行蛙纹和圆圈纹等。在流行的器物和纹饰之外，也时有独辟蹊径的异数异作。

宏观上看，大汶口文化器物和红山文化、良渚文化玉器及纹饰多造型奇特或怪异，马家窑文化蛙纹也多变异。这些器物与纹饰造型的原因或其含义常常令人百思不得其解，它们对于今人来说更具无限魅力，引得各路专家学者竞相解读。

河姆渡陶盆纹饰的精彩、神来之笔

河姆渡文化器物纹饰多种多样，其造型、结构大体上没有统一、规范的模式，这是其与新石器时代其他考古学文化的区别之一。该文化第一期出土同一件陶盆的残片上，有两组独具特色的图案，而且其构图和含义相关相近（图6.39）：

其一中央为一神面纹，两侧对称纹饰似鸟似谷；其二中央为一禾苗纹，两侧对称纹饰似鸟似谷。二图寓意神秘莫测，但联系河姆渡文化成熟的水稻种植和器物上常见明确的鸟纹刻画，可判断后者中央纹

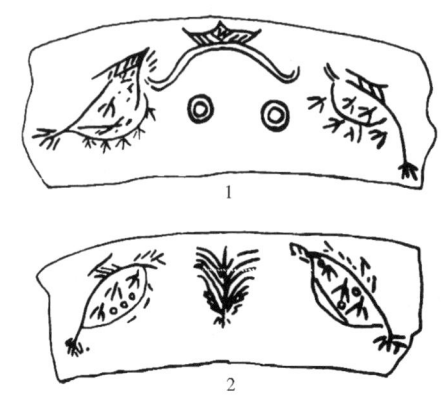

图6.39　河姆渡出土陶盆纹饰

饰应为秧苗，而两侧对称纹饰当是既像鸟又像谷粒，其含义可通过前者获知。

前者中央神面纹有明确的额际以及额际下面的双眼，额际上面有天盖图样，故该神面表现的是天神——根据目前所知的材料，还没有证据可以把它论证为"太阳神"。神面两侧对称似鸟似谷纹样有阴阳两仪之象，故该天神可视为太极神——迄今为止中国发现的年代最早的"太极神"纹饰。

同理，后者之中央秧苗纹饰亦寓意"太极"，两侧似鸟似谷纹样寓意阴阳两仪。

秧苗纹左侧似鸟似谷纹样上有3个圆圈排成一直线，左侧似鸟似谷纹样上有3个圆圈连线为三角形，它们是什么意思呢？

从天象的角度看，它们的位置与形象，令人很容易想到东西二宫参宿三星与心宿三星。如果这样理解，整个陶盆纹饰就得到圆满和完美的解读。同时，它们也佐证神面纹当为天神、太极神，而非太阳神。

那种似鸟似谷的纹饰既吻合前一幅图的意境，也吻合后一幅图的意境，表现只要知晓天文历法、在天的照应下（鸟知四时，是时间和季节的使者），河姆渡人就能够取得稻谷的丰收——这种纹饰简直是神来之笔！

第六章 艺术：中国远古纹饰的外表美

尉迟寺大汶口文化陶器与神话传说的巧合

安徽尉迟寺遗址出土一件大汶口文化"异形陶器"，为两段拼接而成：一筒形圆柱体上拼接一圆锥体，拼接处有凹槽，圆柱体靠近凹槽的地方还有小圆孔；圆锥体顶部塑一短尾鸟形，圆锥体与圆柱体相接处塑4个抽象鸟形，两两一组构成对称关系，鸟首的方位与圆锥体顶部鸟形一致（图6.40）。

此陶器器形及其鸟形塑造让人感觉十分怪异、特别，其造型意图自然也是神秘、深不可测。到底什么意思呢？

曾有学者研究，大汶口文化可能与传说中的少皞文化有关。少皞是崇拜鸟的部族，而与少皞有亲缘关系的颛顼、帝俊均有"使四鸟"的神话：《山海经·大荒北经》说颛顼之子"使四鸟"；《大荒东经》多处说帝俊及其国民、子孙"使四鸟"——在神话中，帝俊即"踆（qūn）鸟"，本身即是一只鸟。

图6.40　尉迟寺出土异形陶器

尉迟寺遗址属大汶口文化尉迟寺类型。本书作者研究，尉迟寺类型可能正是传说中的帝俊的文化遗存（参见《"炎黄大战"的考古学研究》）。尉迟寺遗址出土这件塑有立鸟和"四鸟"的异形陶器，刚好与帝俊族"使四鸟"神话相吻合。

师赵村陶筐——四千多年前工匠的杰作

甘肃天水师赵村五期出土一件陶筐，属马家窑类型，距今4500年左右（图6.41-42）。

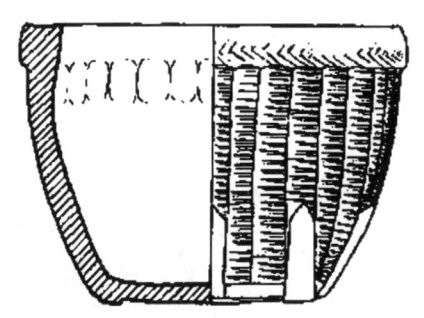 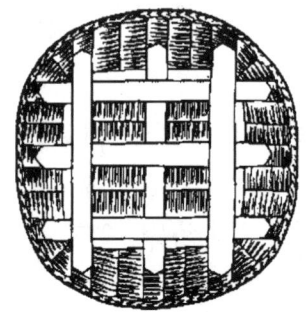

图 6.41 师赵村五期陶筐　　图 6.42 师赵村五期陶筐底部俯视图

考古报告称其"刻画人字形纹。器外表及底部刻画成竹篾纹。其底部又刻出十字、井字形等编织纹，似为完整竹筐框架，造型别致，实为一件陶塑珍品"。

此陶器造型完全是一件竹筐的模拟，让我们直观地了解到4000多年前古人编织竹筐的形象。用陶器表现，已够独特、新颖，令人欣赏，但是其形制可能并不单纯表现一只竹筐形象：

陶筐四正方向各有7道编织纹，合计28道，与四陆二十八宿数量与位置关系完全吻合；四隅方向各加2道编织纹，合计8道，与一年四时八节数量关系吻合。陶筐总计36道编织纹，合于十月太阳历一月三十六天。

陶筐底部表示起加固作用的"竹片"特意制作为九宫八卦式图案，"竹片"内刚好四组八段编织纹，与一年四时八节数吻合。延伸到陶筐外壁的竹片，四方位计12段，合一年十二月数。

整个陶筐的形制和纹饰，无一不与季节、天文历法和易学的知识、观念相合，难道这只是巧合吗？

别具匠心的鸟形纹饰与堆塑

甘肃兰州王保保城出土马家窑类型彩陶钵，其内底中心绘一鸟纹，犹如长途跋涉、横越天际形象，十分醒目（图6.43）。

此鸟纹的寓意由口沿纹饰可判断：口沿内绘一周12个长三角纹，合一年十二月数理。因此彩陶钵内底的鸟纹当与天文历法有关，但它不是"太阳鸟"。

鸟纹为心宿三星之物象，鸟头为圆点寓意心宿二，鸟身、翅作平行三画一端头相连（也是火纹的变形）寓意心宿三星。12个长三角纹的露地纹饰为一大圆有12齿，犹如齿轮作顺时针旋转，寓意日月星辰东升西落的周天旋动。

彩陶盆外壁画3组垂幛纹，又间杂3个弧形纹，均合内壁纹饰主题，表现心宿三星之数关系。所谓"垂幛纹"（考古学家的命名），也是日月星辰运行在天际画出的弧线与地平线相合之视觉形象。

图 6.43 王保保城出土彩陶钵

郑州大河村仰韶文化三期出土陶钵上有一个与王保保城彩陶钵内底鸟纹形神俱似的纹饰，也应该是鸟纹（图6.44）。

知道这两个鸟纹，那么晋中吉家村出土离石、柳林二期（约当庙底沟类型）陶罐上的堆塑纹饰也应该是鸟纹（图6.45）。考古报告说，该陶罐"于腹径最宽处横压一周附加堆泥带，其上用泥条及泥饼作成4个简化的鸟形"。4个鸟纹分布四方，或与"四鸟"神话相关？

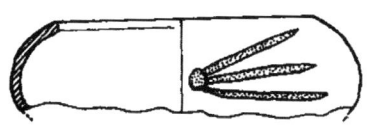

图 6.44 大河村出土彩陶钵鸟纹

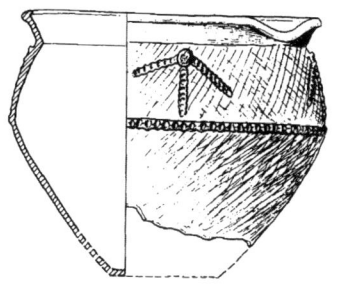

图 6.45 晋中吉家村出土陶钵

本书主要参考文献

（本目录仅为主要部分，不包括全部参考文献）

1. 中国科学院考古研究所：《西安半坡》，文物出版社，1963年。
2. 浙江省文物考古研究所：《河姆渡——新石器时代遗址考古发掘报告》，文物出版社，2003年。
3. 河南省文物考古研究所：《舞阳贾湖》，科学出版社，1999年。
4. 湖南省文物考古研究所：《彭头山与八十垱》，科学出版社，2006年。
5. 浙江省文物考古研究所、萧山博物馆：《跨湖桥》，文物出版社，2004年。
6. 河北省文物研究所：《北福地——易水流域史前遗址》，文物出版社，2007年。
7. 国务院三峡工程建设委员会办公室、国家文物局：《秭归柳林溪》，科学出版社，2003年。
8. 甘肃省文物考古研究所：《秦安大地湾——新石器时代遗址发掘报告》，科学出版社，2006年。
9. 安徽省文物考古研究所等：《蚌埠双墩——新石器时代遗址发掘报告》，科学出版社，2008年。
10. 中国社会科学院考古研究所：《京山屈家岭》，科学出版社，1965年。
11. 中国社会科学院考古研究所：《宝鸡北首岭》，文物出版社，1983年。
12. 青海省文物管理处考古队等：《青海柳湾——乐都柳湾原始社会墓地》，文物出版社，1984年。
13. 山东省文物考古研究所：《大汶口续集——大汶口遗址第二、三次发掘报告》，科学出版社，1997年。
14. 河南省文物研究所、中国历史博物馆考古部：《登封王城岗与阳城》，文物出版社，1992年。
15. 湖北省文物考古研究所等：《邓家湾：天门石家河考古报告之二》，文物出版社，2003年。
16. 湖北省文物考古研究所：《房县七里河》，文物出版社，2008年。

17. 上海市文物管理委员会：《福泉山——新石器时代遗址发掘报告》，文物出版社，2000年。

18. 中国社会科学院考古研究所等：《桂林甑皮岩》，文物出版社，2003年。

19. 国家文物局考古领队培训班：《兖州西吴寺》，文物出版社，1990年。

20. 浙江省文物考古研究所等：《好川墓地》，文物出版社，2001年。

21. 西安半坡博物馆等：《姜寨——新石器时代遗址发掘报告》，文物出版社，1988年。

22. 郑州市文物考古研究所：《郑州大河村》，科学出版社，2001年。

23. 中国社会科学院考古研究所：《胶县三里河》，文物出版社，1988年。

24. 浙江省文物考古研究所、湖州市博物馆：《昆山》，文物出版社，2006年。

25. 安徽省文物考古研究所：《凌家滩——田野考古发掘报告之一》，文物出版社，2006年。

26. 浙江省文物考古研究所：《庙前》，文物出版社，2005年。

27. 宁夏文物考古研究所等：《宁夏菜园——新石器时代遗址、墓葬发掘报告》，科学出版社，2003年。

28. 河南省文物考古研究所：《汝州洪山庙》，中州古籍出版社，1995年。

29. 中国社会科学院考古研究所：《山东王因——新石器时代遗址发掘报告》，科学出版社，2000年。

30. 中国社会科学院考古研究所：《师赵村与西山坪》，中国大百科全书出版社，1999年。

31. 浙江省文物考古研究所：《瑶山》，文物出版社，2003年。

32. 中国社会科学院考古研究所：《敖汉赵宝沟——新石器时代聚落》，中国大百科全书出版社，1997年。

33. 山东省博物馆、山东省文物考古研究所：《邹县野店》，文物出版社，1985年。

34. 中国大百科全书编委会：《中国大百科全书·考古学》，中国大百科全书出版社，1986年。

35. 陆思贤：《神话考古》，文物出版社，1995年。

36. 陆思贤、李迪：《天文考古通论》，紫禁城出版社，2000年。

37. 冯时：《星汉流年——中国天文考古录》，四川教育出版社，1996年。

38. 冯时：《中国天文考古学》，社会科学文献出版社，2001年。

39. 蒋书庆：《破译天书：远古彩陶花纹揭秘》，上海文化出版社，2001年。

40. 张朋川：《中国彩陶图谱》，文物出版社，2005年。

41. 张抒：《中国几何形纹饰》，广西美术出版社，2000年。

42. 郎树德、贾建威：《彩陶》，敦煌文艺出版社，2004年。

43. 甘肃省博物馆：《甘肃彩陶》，科学出版社，2008年。

44. 钱永宁、侯慧俊：《器物纹饰图典》，上海科学技术文献出版社，2008年。

45. 姚江波：《中国彩陶收藏鉴赏全集》，湖南美术出版社，2012年。

46. 刘炜、段国强：《国宝·陶器》，山东美术出版社，2012年。

47. 姚江波：《彩陶鉴定》，印刷工业出版社，2012年。

48. 李志钦：《黄河彩陶纹饰鉴赏》，安徽美术出版社，2009年。

49. 苏秉琦：《中国文明起源新探》，三联书店，1999年。

50. 李友谋：《裴李岗文化》，文物出版社，2003年。

51. 巩启明：《仰韶文化》，文物出版社，2002年。

52. 高广仁、栾丰实：《大汶口文化》，文物出版社，2004年。

53. 张绪球：《屈家岭文化》，文物出版社，2004年。

54. 余西云：《西阴文化：中国文明的滥觞》，科学出版社，2006年。

55. 濮阳市文物管理委员会等：《河南濮阳西水坡遗址发掘简报》，《文物》1988年第3期。

56. 钱志强：《试论半坡期彩陶鱼纹艺术》，《史前研究辑刊》1988年。

57. 湖北省荆州地区博物馆：《湖北松滋县桂花树新石器时代遗址》，《考古》1976年第3期。

58. 魏京武、杨亚长：《近年来陕西新出土的仰韶文化原始艺术品》，《考古与文物》1991年第5期。

59. 秦岭、张铭惠：《安康花园柏树岭新石器时代遗址调查试掘记》，《考古与文物》1980年第2期。

后　　记

《中国远古纹饰初读》与《中国上古纹饰初读》是《中国远古纹饰探秘》与《中国上古纹饰探秘》的精简和压缩版，都是因为完成重庆市科技攻关计划（科普类）重点项目"中国古代纹饰中学生普及读物研究"而作。《初读》的篇幅约是《探秘》的二分之一，从内容和学术性上都做了简化。

以个人的理解，对中国古代纹饰的一般性了解应该是《探秘》的样子，但是考虑到大多数中学生的接受能力和实际需求，在征求各方面意见的基础上，将《探秘》精简和压缩成了目前的《初读》。希望以后有机会出版《探秘》版本。

远古部分与上古部分是互相衔接的，个人认为远古纹饰与上古纹饰同样精彩，各有不同的神妙、奇异之处，但其内在逻辑和思维方式一以贯之，其表情达意的严谨、严密是一致的。所以远古与上古结合起来读，对中国古代纹饰的认识和理解无疑会更加深入，会体验到更多的奥妙和趣味——这也是阅读中国古代纹饰的特点，了解越多越是熟悉，你越是能够感觉和体验到它们的高妙！

书稿中保留了一定的专业术语和学术背景介绍，因为觉得即使是中学生读者，读过本书后也可以与各个相关学科（如考古学、易学、古代天文历法、科技史、思想史、文化史等等）的学习直接衔接。除了满足好奇、有点探秘性质，还希望为各个相关学科涵养和储备新生力量，这是写作本书的主观想法。

因为篇幅所限，书中涉及的图案、纹饰也没有完全释读，读者可以继续发挥。当然，相对于浩如烟海的中国古代纹饰，两本小书所能够介绍的也只是其中很小部分，多带有举例性质，无论中学生还是各专业领域的学者，继续发展和发挥的空间都十分广阔！

本书能够在当前面世，必须要感谢重庆市科委和作者所在单位。如果没有科委的科普项目计划及立项支持，没有作者单位对本人的支持，这种书或许会等我退休后才能来做，就像我10多年前已经完成的那些研究一样，迄今仍然没法与读者见面。创新或许不难，难的是创新要活下来并正常成长，很多时候需要碰运气！

中国社会科学院考古研究所前所长刘庆柱先生最近几年花了不少时间阅读我的文字，他对本书的审读仍然认真、细致，这是让我颇感意外的。应该说，他对本书以及作者相关研究的充分肯定，已经开启了古代文化、考古学和史前研究的旅程。他是一位令人尊敬的学人，他的谦和、严谨、认真、正直都令人印象深刻，这不仅仅是作者个人的幸运。

本书的科学顾问、为本书推荐和作序的几位专家都是各自领域里有成就有影响力的专家，他们的存在和推荐、对本书价值的发掘和引领，使本书有"蓬荜生辉"的效应，我想对读者也是有益的。

学苑出版社及其编辑任彦霞女士以服务学术和社会的心胸、从长远出发接受本书的出版，值得点赞。

重庆师范大学硕士研究生粟慧、重庆文理学院贺菡、杨乾隆等同学协助了本书资料搜集或图片处理工作。同事杨灿维、姜璐以及重庆文理学院附中李国兰老师等协助作者进行了书稿的试读及读者意见征求工作。在此致谢。

我的朋友、美国阿拉斯加大学研究员曲枫博士帮助查阅、了解了国外关于古代纹饰的科研和科普情况，在此致谢。

将古代纹饰纳入科普范畴，本书只是一个尝试，期待读者真实的意见反馈，以便继续修订完善。

作者

2015-2-6

于重庆文理学院格致楼